Wie ist das mit ... der Umwelt

Christian Neuhaus

Wie ist das mit ... der Umwelt

Mit farbigen Bildern von

Sandra Reckers

gabriel

Inhalt

Wer schützt die Umwelt –
und vor wem eigentlich?

Alle reden über die Umwelt. Und darüber, dass die Umwelt gefährdet ist. Sicherlich hast du auch schon oft das Wort Umweltschutz gehört. Aber hast du dich jemals gefragt, vor wem wir die Umwelt eigentlich schützen müssen? Wundert es dich, wenn du hörst, dass die Menschen die Umwelt vor den Menschen schützen müssen?

Das klingt doch ziemlich komisch, oder? »Umwelt« – das ist alles, was um uns herum ist: die Pflanzen und Tiere, der Wald, in dem du mit deinen Eltern spazieren gehst, und die Luft, die du atmest. Das Land, in dem du lebst, und das Wasser, aus dem die Flüsse, Seen und Meere bestehen. All das und noch viel mehr ist unsere Umwelt. Und die soll vom Menschen bedroht sein? »Ein Ozean ist doch riesengroß«, wirst du mir entgegnen, »da kann ein kleiner Mensch doch gar keine Bedrohung sein!«

Damit hast du recht – und wiederum auch nicht. Ein einzelner Mensch stellt keine Bedrohung für seine Umwelt dar, aber viele Menschen zusammen können den Planeten Erde ganz schön aus dem Gleichgewicht bringen. Wir Menschen sorgen dafür, dass es der Umwelt im wahrsten Sinne des Wortes ganz schön dreckig geht: Schiffe kentern und spülen dabei Tausende Liter Erdöl ins Meer, die Fische und Seevögel umbringen. Autos, Lastwagen und Kraftwerke verpesten mit ihren Abgasen unsere Luft. Neuerdings reden auch noch alle vom Klimawandel und der globalen Erwärmung der Erdatmosphäre.

Immer wenn die Umwelt leidet, geht es auch den Menschen nicht gut, die in dieser Umwelt leben. Einige »schlechte Angewohnheiten«, mit denen wir die Umwelt belasten, haben wir Menschen uns schon wieder abgewöhnt: Wir verwenden Sprühdosen ohne die gefährlichen FCKW-Treibgase, wir recyceln unseren Müll und betanken unsere Autos mit bleifreiem Benzin. Aber es gibt noch so viele Dinge, mit denen wir unserer Umwelt schaden. Manches davon ist uns vielleicht gar nicht bewusst, aber vieles tun wir, obwohl wir wissen, dass es die Umwelt belastet: schnelles Autofahren zum Beispiel, Wasser aus Plastikflaschen trinken oder den Rasen mit Trinkwasser sprengen. Jeder von uns kann etwas machen, um die Umwelt zu schützen. Einige Anregungen und Ideen hierfür findest du in diesem Buch.

Um zu verstehen, warum und wovor wir die Umwelt schützen sollten, müssen wir zuerst begreifen, wie die Umwelt funktioniert. In jedem Kapitel dieses Buches erleben Kinder etwas Besonderes in ihrer Umwelt. Herrliche Sonnenuntergänge, eine Ballonfahrt, ein Spaziergang am Strand – deine Umwelt ist ein spannendes Erlebnis und meistens ist sie wunderschön. Manchmal wird die Natur aber auch zur Bedrohung: Wenn ein Unwetter aufzieht, dann wird deine Umwelt lebensgefährlich. Eines ist allerdings gewiss: Deine Umwelt ist nie langweilig. Überall gibt es etwas zu entdecken, wenn du nur genau hinschaust. Und überall gibt es etwas, das es wert ist, geschützt zu werden. Das fängt an mit den kleinen Fröschen im Gartenteich und endet mit dem Klima unserer Erde.

Klar, du allein kannst nicht die Welt retten! Aber du kannst deinen Beitrag dazu leisten, um die Umwelt zu schützen. Zum Beispiel, indem du einige der Vorschläge anwendest, die du in diesem Buch findest. Bestimmt wirst du im Alltag manches entdecken, was ihr – du, deine Familie und deine Freunde – anders machen könnt, damit es unserer Umwelt besser geht. Denn wenn es unserer Umwelt gut geht, dann geht es auch uns Menschen gut.

Die Sonne –
der Motor des Lebens

Auf diesen Tag hat Tim lange gewartet: Heute kommen die Handwerker. Sie sollen auf dem Hausdach von Familie Wächter eine Solaranlage anbringen. Gleich nach dem Frühstück hat sich Tim auf seinem Lieblingsplatz postiert: Von den Treppenstufen vor dem Hauseingang hat er die Straße und den Garten im Blick. Hier kann ihm nichts entgehen. Außerdem ist es auf den Stufen immer schön warm, wenn die Sonne scheint. Die Strahlen der Morgensonne kitzeln ihn in der Nase.

Tim denkt an die letzten aufregenden Wochen zurück. Tagelang gab es bei Familie Wächter nur ein Thema: Tims Eltern haben sich ausführlich beraten lassen. Sie haben mit dem Taschenrechner komplizierte Berechnungen angestellt und mit Herrn Baier – dem Architekten – Pläne gezeichnet. Dann haben sie entschieden: Wir bauen ein Solarkraftwerk. Aber kein riesiges graues und hässliches Kraftwerk mit Abgasschloten und hohen Mauern, sondern ein kleines privates Kraftwerk auf dem eigenen Hausdach. Und die Energie wird allein von der Sonne geliefert werden – ohne Lärm oder Abgase! Diese Technik, die aus Sonnenlicht elektrischen Strom erzeugt, nennt man Photovoltaik.

Ohne die Sonne wäre die Erde eine öde Eiswüste

Die Sonne ist ein riesiger Stern, um den die Erde und die anderen Planeten unseres Sonnensystems kreisen. Auf der Oberfläche der Sonne peitschen Feuerstürme, die um die 5000 Grad Celsius heiß sind. In ihrem Inneren erreicht die Sonne sogar Temperaturen von mehreren Millionen Grad Celsius. Diese Energie gelangt auf unsere Erde in Form von Wärme und Licht. Zum Glück, denn ohne Licht und Wärme wäre die Erde nur ein vereister, öder Planet ohne Menschen, Tiere und Pflanzen!

Zuerst hatte Tim nicht gleich verstanden, warum seine Eltern umbauen wollten: »Bislang ist der Strom doch immer aus der Steckdose gekommen. Warum brauchen wir denn nun ein eigenes Kraftwerk?«

»Der Strom, der aus der Steckdose kommt, kommt großteils aus Kohlekraftwerken«, hatte seine Mama ihm erklärt. »Diese Kohlekraftwerke erzeugen aber riesige Mengen an Abgasen und Schmutz, die über große Schornsteine in die Luft gepustet werden. Wenn wir hingegen die Energie der Sonne nutzen, produzieren wir keine Abgase.«

Und Papa hatte ergänzt: »Wir tun damit etwas für die Umwelt, weil wir helfen, die Luftverschmutzung zu verringern. Gleichzeitig werden wir damit sogar Geld verdienen!« Und er hatte sich dabei zufrieden die Hände gerieben. »Du musst dir keine Sorgen machen«, hatte er Tim beruhigt, »der Strom kommt auch weiterhin aus der Steckdose. Aber erzeugt wird er auf unserem eigenen Hausdach, allein durch die Kraft der Sonne! Dafür benötigen wir keine Kohle und kein Gas.«

»Und das Beste ist«, hatte Frau Wächter ihren Mann begeistert unterbrochen, »dass wir in Zukunft auch unser Heiz- und Duschwasser von der Sonne erhitzen lassen. Wir haben nämlich demnächst nicht nur ein Photovoltaik-Kraftwerk, sondern auch eine sogenannte Solarthermie-Anlage auf dem Dach. Schwierige Wörter für eine so gute Sache«, hatte sie gemeint und Tim zugezwinkert.

Die Kraft der Sonne

Die Sonne ist die Grundlage allen Lebens. Durch die Sonnenwärme und das Sonnenlicht können Pflanzen, Tiere und Menschen wachsen. Die Sonnenenergie wird von den Pflanzen sogar gespeichert: Wenn wir einen Baum fällen und sein Holz verbrennen, dann wird dabei die Sonnenenergie, die er sein Leben lang gespeichert hat, wieder freigesetzt. Wir können dieses Licht und die Wärme sogar sehen – in den Feuerflammen!

16

Auf der Straße rumpelt es. Tim schreckt aus seinen Gedanken hoch. Die Handwerker sind da! Tim hat noch nicht einmal bemerkt, dass sie bereits angefangen haben, große, bläulich schimmernde Platten im Vorgarten abzustellen. Die hat er neulich auf Papas Fotos gesehen, das sind die Platten für die Stromgewinnung. Dann stehen da noch andere dunkle Platten: Unter ihrer Glasoberfläche verlaufen schwarze Rohre in Schlangenlinien. Noch sind sie in Folie eingeschweißt. ›Das müssen die Platten für die Solarthermie-Anlage sein‹, überlegt Tim. ›Durch die Rohre wird vielleicht das Wasser geleitet, was danach aus der Dusche herauskommt. Toll, was man so alles aus der Kraft der Sonne machen kann‹, denkt er. Aber zu viel Sonne, das weiß er noch von den letzten Sommerferien am Meer, kann gefährlich sein. Da hatte er sich am ersten Tag einen dicken Sonnenbrand geholt.

Nun haben die vier Handwerker ausgeladen. Tim beobachtet gespannt, wie die Männer im Blaumann ihre großen Werkzeugkästen, Bohrmaschinen, viele lange Metallstangen und die Platten vor das Haus tragen. Plötzlich kommen von oben merkwürdige Geräusche. Tim blickt hoch zum Dach: Zwei Dachdecker sind bereits dabei, einen Teil der Dachpfannen abzudecken.

Wieso wir uns vor der Sonne auch schützen müssen

Ohne die Sonne könnten wir nicht leben. Sie wärmt uns und spendet uns Licht. Das Sonnenlicht regt unseren Körper an, wichtige Vitamine zu erzeugen und gute Laune zu haben. Ohne Sonnenlicht würden wir schlecht gelaunt und krank werden. Aber zu viel Sonnenlicht ist auch nicht gut! Denn manche Teile des Sonnenlichts können unserer Haut schaden, wenn wir uns der Sonne zu lange aussetzen. Dann bekommen wir einen Sonnenbrand, und der tut ganz schön weh. Wer oft einen Sonnenbrand hatte, kann später sogar an Hautkrebs erkranken. Zum Glück kann man diesen erkennen und heilen, wenn man regelmäßig zum Arzt geht.

›Hoffentlich gibt es heute keinen Regen‹, überlegt Tim, ›sonst regnet es nachher noch in mein Kinderzimmer hinein.‹ Heute morgen ist das Wetter noch unentschieden. Es ziehen zwar viele Wolken über den Himmel, aber nach Regen sieht es zum Glück nicht aus. Doch Tim beschäftigt schon die nächste Frage: ›Wie soll unser kleines Kraftwerk eigentlich später Strom erzeugen, wenn die Sonne mal nicht scheint?‹ Und das ist im Herbst und im Winter doch ziemlich oft der Fall! Die Sonne ist momentan nämlich hinter den Wolken verschwunden. ›Ob

18

sich das Mama und Papa auch wirklich richtig überlegt haben?‹, bangt Tim. ›Wenn der Fernseher jedes Mal aus- geht, sobald Wolken die Sonne verdecken, dann finde ich Sonnenkraftwerke doof!‹ Und was ist eigentlich nachts? Gerade nachts braucht man doch Strom, um das Licht einzuschalten. Tim malt sich die Katastrophe leb- haft aus: Wenn es nun nachts in Zukunft keinen Strom und kein warmes Wasser mehr gibt? Ob sie von nun an morgens nur noch kalt duschen können und abends bei Kerzenschein die Zähne putzen müssen? Das alles muss er später unbedingt herausfinden!

Tim spurtet die Treppen hoch zu seinem Zimmer. Wie immer, wenn er es besonders eilig hat, nimmt er zwei Stufen auf einmal. Aus seinem Dachfenster kann er den Dachdeckern bei der Arbeit zuschauen. Das Dach sieht ganz nackt aus: Die Dachpfannen sind schon fort und man kann die Holzbalken des Dachstuhls sehen. Einer der beiden Männer befestigt gerade ein Metallgerüst am Dachstuhl, das später die blauen und schwarzen Platten tragen soll.

Der Dachdecker schwitzt beim Schrauben. Als er Tim bemerkt, grinst er ihm zu: »Na, wie wär's, willst du mich nicht mal ablösen?«

Tim schüttelt verlegen den Kopf. Da sieht er noch mehr Handwerker. Der Elektriker trägt eine große Kabelrolle auf dem Rücken und zieht viele Meter schwarzen Kabels bis zum Dachsims. Und ein Klempner ist auch da, der Rohre aneinanderschweißt und vom Dach runter bis in den Keller verlegt.

So viel zu sehen gibt es zu Hause selten. Tim läuft wieder hinunter in den Vorgarten, wo sein Vater gerade mit dem befreundeten Architekten die Pläne studiert.

»Papa, wieso glänzen diese Sonnenkraftwerksdinger so blau?«, fragt Tim seinen Vater.

»Diese Sonnenkraftwerksdinger heißen Solarmodule und bestehen aus vielen kleinen viereckigen Solarzellen. Diese Zellen enthalten sogenannte Siliziumkristalle, und die haben diese hübsche blaue Farbe. Das Silizium kann man übrigens auch aus ganz normalem Sand gewinnen, so wie der, den du am Strand zum Burgenbauen verwendest.«

Tim hat eine Idee. In Windeseile rast er wieder hoch in sein Zimmer und holt sein kleines Kofferradio. Sein Vater ist schon wieder in die Baupläne vertieft. »Papa, können wir diese Solarzellen jetzt auch an mein Radio anschließen und es damit betreiben?«

Sein Vater lacht: »Im Prinzip könnten wir das machen, aber der Strom, der auf dem Dach erzeugt wird, geht direkt an das Elektrizitätswerk. Man kann ihn nämlich nur sehr schwer speichern. Deshalb liefern wir dem Werk unseren Strom und erhalten dafür regelmäßig Strom zurück, wenn wir ihn brauchen. Ansonsten hätten wir ein Problem: Da man die gewonnene Energie nicht gut speichern kann, hätten wir sonst nachts z.B. kein Licht. Und der Kühlschrank, der Fernseher und dein kleines Radio könnten auch nur tagsüber laufen!«

›Ach so‹, denkt sich Tim beruhigt, ›jetzt weiß ich Bescheid‹.

»Außerdem verdienen deine Eltern damit auch noch Geld«, ruft der Architekt dazwischen.

»Stimmt«, bestätigt Tims Papa. »Das Elektrizitätswerk zahlt uns für den Strom, den wir erzeugen, mehr Geld, als wir zahlen müssen, wenn wir den Strom des E-Werks verbrauchen. Das haben die Politiker so festgelegt, damit sich viele Leute ein solches Solarkraftwerk aufs Dach setzen. Und von unserem Gewinn«, zwinkert er Tim zu, »können wir unseren nächsten Familienurlaub bezahlen.«

Tim ist beeindruckt: Die Sonnenenergie ist also nicht nur umweltfreundlich, sondern ermöglicht ihnen auch noch schöne Ferien!

Aber eine Frage beschäftigt ihn immer noch: »Und wie ist es mit dem warmen Wasser? Können wir jetzt nur noch bei Sonnenschein warm duschen?«

»Schmutzige« und »saubere« Energie

Bis heute gewinnt man Energie vor allem durch das Verbrennen von Bäumen – solchen, die man fällt, oder solchen, die vor Millionen von Jahren abgestorben und verrottet sind und sich im Laufe der Zeit in Kohle und Erdgas verwandelt haben. Das sind die sogenannten fossilen Brennstoffe, die die Menschen seit vielen Hundert Jahren tief aus der Erde hervorholen.

Bei der Verbrennung von Kohle und Erdgas entsteht aber nicht nur Energie, sondern es werden auch Abgase, Staub und Ruß freigesetzt. Insbesondere ein Gas ist in großen Mengen für unsere Umwelt schädlich, das sogenannte Kohlendioxid. Deshalb suchen die Forscher nach immer neuen Wegen, um auf »saubere« Weise Energie zu gewinnen: Durch die Nutzung der Sonnenkraft lassen sich ohne Abgase Strom erzeugen und Wärme gewinnen. Auch bei der Windkraft nutzen wir eigentlich die Kraft der Sonne, denn die Sonne ist der Motor des Wetters und damit auch des Windes. Dank der »sauberen« Sonnenenergie tragen wir dazu bei, unsere Umwelt nicht weiter zu belasten.

Sein Vater grinst. »Nein, du kannst auch weiterhin warm duschen, wann immer du willst. Im Gegensatz zum Strom können wir das warme Wasser ganz gut im Keller speichern. Die schlangenförmigen Rohre in den Kollektoren auf dem Dach enthalten eine Flüssigkeit. Wenn die Sonne sie erhitzt, wird die Flüssigkeit über Rohre in den Keller geleitet. Dort gibt sie ihre Wärme an das Wasser ab. Und dieses Warmwasser wird in einem Kessel aufbewahrt, bis wir es zum Duschen oder Spülen verwenden. Alles klar?«

»Und im Winter, oder wenn es mal ganz grau ist?«, wundert sich Tim.

»Selbst im Winter hat die Sonne genug Kraft, um das Wasser zu erwärmen. Und wenn es doch einmal zu kalt sein sollte oder die Sonne tatsächlich tagelang nicht scheint, dann haben wir zur Not noch unsere Gasheizung.«

Jetzt ist Tim beruhigt und hat es plötzlich ganz eilig: Er muss unbedingt rüber zu seinem Freund Max, um ihm von der tollen neuen Anlage zu erzählen.

Am nächsten Tag sind die Handwerker endlich fertig. Tim und Max stehen mittags vor dem Haus und betrachten das Dach. Tim erklärt seinem Freund ganz fachmännisch die einzelnen Bauteile: »Das, was da blau schimmert, sind die Solarmodule. Die schwarzen Platten daneben sammeln die Wärme der Sonne. Das sind die Solarkollektoren. Wir brauchen sie zur Warmwassererzeugung.«

Max nickt beeindruckt. Tim ist schon schrecklich gespannt, weil sein Vater und der Architekt gleich die Anlage in Betrieb nehmen wollen. ›Zum Glück‹, denkt er, ›scheint heute die Sonne.‹

Seine Mutter ruft durch das Küchenfenster: »Beeilt euch, ich brauche langsam heißes Wasser!«

»Immer mit der Ruhe«, beschwichtigt Herr Wächter sie, »das wird ein wenig dauern, bis das Wasser im Keller heiß genug ist.«

Nun gehen Tim und Max mit Tims Papa und Herrn Baier in den Keller. Dort hat der Klempner einen großen gelben Kessel aufgestellt. An der Kellerwand hat der Elektriker einige neue Geräte mit Zeigern und einer Anzeigetafel angebracht.

Der Architekt dreht an einem Schalter. »Wenn du willst, können wir den Schalter nun umlegen«, sagt er zu Tims Vater.

»Nur zu, wir wollen endlich sauberen Strom aus der Kraft der Sonne gewinnen«, entgegnet dieser mit feierlicher Stimme.

Herr Baier drückt einen roten Knopf. Auf der Anzeigetafel schlagen prompt die Pfeile aus. »Prima, fast 2000 Watt Leistung!«, ruft er, »ich gratuliere!«

Herr Wächter strahlt und drückt Tim an sich: »Mein Junge, das ist ein ganz besonderer Moment.«

Tim ist ganz ehrfürchtig. »Und was ist nun mit dem warmen Wasser?«

»Das haben wir auch gleich«, freut sich der Architekt. »Dafür muss ich hier nur die Pumpe einschalten und der

Kreislauf wird beginnen. Bis der Wasserspeicher durch-
geheizt ist, dauert es aber einige Stunden. Kommt mal
näher, ihr zwei, und drückt hier!« Tim und Max drücken
auf einen weiteren roten Knopf. Eine kleine Pumpe beginnt, leise zu summen.

Stolz ziehen die vier nach oben in die Küche. Tim stürzt
voran. »Mama, ab sofort haben wir Sonnenstrom und
Sonnenwasser!«

Mama freut sich: »Ausgezeichnet, dann werde ich
euch jetzt mit unserem ganz persönlichen Strom einen
Kaffee kochen, wenn es recht ist.«

»Das ist uns sehr recht!«, rufen die beiden Erwachsenen im Chor.

»Und für euch beide, Tim und Max, mache ich einen Kakao!«

»Mein erster Kakao mit Sonnenstrom vom Kraftwerk Wächter«, scherzt Max. »Das muss ich meinen Eltern erzählen.«

Tim blickt zu seinem Papa und seiner Mama hinüber. Er ist sehr stolz auf sie und auf ihr gemeinsames Familienkraftwerk.

Eine Lufthülle
umgibt unseren
Planeten:
die Atmosphäre

 ## ANNA-MARIE GEHT IN DIE LUFT –
EINE FAHRT IM HEISSLUFTBALLON

Als Anna-Marie aus der Schule kommt, wartet ihre Mama schon freudestrahlend an der Tür auf sie. Geheimnisvoll sagt sie:»Komm schnell rein, Anna, ich muss dir etwas Tolles zeigen!«

Anna-Marie wird neugierig. ›Ob jemand zu Besuch gekommen ist?‹, überlegt sie. ›Vielleicht Onkel Walter? Der ist immer so großzügig und bringt jedes Mal tolle Geschenke mit.‹ Sie läuft schnell ins Haus, durch den Flur und dann ins Wohnzimmer. Aber das ist leer. Auch in der Küche keine Spur von ihrem Onkel. Dann sieht Anna-Marie auf dem Küchentisch einen Brief liegen, der an sie adressiert ist. ›Komisch‹, wundert sie sich, ›sonst kommt doch nur zum Geburtstag Post für mich.‹

Ungeduldig reißt Anna-Marie den Umschlag auf. Er enthält ein Schreiben von der Stadtzeitung. Darin steht: »Liebe Anna-Marie! Herzlichen Glückwunsch! Du hast vor drei Wochen an unserem Preisausschreiben bei der Aktion ›Sauberer Stadtwald‹ teilgenommen. Wir freuen uns, dir mitteilen zu können, dass du den ersten Preis gewonnen hast: eine Fahrt mit dem Heißluftballon. Deine Eltern darfst du selbstverständlich mitnehmen.«

Anna-Marie erinnert sich an die Aktion, die die Zeitung ausgerufen hatte. An einem Samstag war sie mit ihren Eltern und vielen anderen Leuten durch den Stadtwald gezogen und hatte Müll aus dem Gebüsch und von

30

den Wegen aufgesammelt. ›Unglaublich, was viele Spaziergänger dort alles unachtsam fallenlassen, anstatt es in den Mülleimer zu werfen‹, denkt sie kopfschüttelnd. Dann fällt ihr wieder ein, was in dem Brief steht. »Mama, ich habe einen Preis gewonnen!« Anna-Marie fällt ihrer Mutter freudestrahlend um den Hals. »Eine Ballonfahrt, das ist ja super! Fast so gut wie ein Flug zum Mond!«

Ihre Mutter freut sich mit ihr. »Prima, das wird bestimmt ein tolles Erlebnis. Die Frau von der Zeitung hat vorhin angerufen. Ich habe schon einen Termin mit ihr ausgemacht: In 14 Tagen starten wir.«

Endlich ist der große Tag gekommen. Zwei lange Wochen hat Anna-Marie ungeduldig jeden Morgen auf den Kalender geblickt und abends im Fernsehen die Wettervorhersage geschaut. Sie hat ganz fest die Daumen gedrückt, dass an diesem Tag die Sonne scheint, denn bei schlechtem Wetter kann ein Heißluftballon nicht starten. Zum Glück ist für heute gutes Wetter angesagt. Gestern Abend hat der Ballonpilot angerufen und lachend »grünes Licht« für den geplanten Start gegeben. Anna-Marie hat vor Aufregung kaum geschlafen. Als der Wecker klingelt, ist es noch dunkel, denn Anna-Marie und ihre Eltern müssen in aller Frühe aufstehen und zu einem Startplatz außerhalb der Stadt fahren. Die Sonne geht gerade auf, als die drei von zu Hause losfahren.

Anna-Marie gehen viele Fragen durch den Kopf.

»Papa, wieso heißt es eigentlich Ballon fahren und nicht Ballon fliegen?«

Ihr Vater grinst sie breit an. »Ich wusste, dass du das fragen würdest, deswegen habe ich extra im Lexikon nachgelesen: Die ersten Ballonfahrer nannten die Lufthülle, die die Erde umgibt, einfach ›Luftmeer‹. Damals gab es ja noch keine Flugzeuge und Piloten oder Flughäfen. Und man wusste nur wenig darüber, woraus der Himmel bestand und ob er möglicherweise irgendwo endete. Weil sie mit dem Meer vertrauter waren, haben die Ballonfahrer einfach die technischen Bezeichnungen von den Seefahrern übernommen.«

Anna-Marie hat in ihrem Lexikon schon einmal Bilder gesehen von einem der ersten Heißluftballons. Der war tiefblau und wun-

derschön verziert. Lächelnd malt sie sich aus, wie lustig es ausgehen hätte, wenn die ersten Ballonfahrer wirklich ein Schiff unter ihren Ballon gehängt hätten. Aber noch eine andere Frage beschäftigt sie schon die ganze Zeit: »Wie kann sich so ein Ballon überhaupt in die Luft erheben?«

Wie gut, dass ihre Mama Physikerin ist und auf solche Fragen immer eine Antwort weiß. »Unter dem Ballon befindet sich ein Gasbrenner. Mit ihm wird die Luft in der Ballonhülle langsam erhitzt. Du weißt ja, dass heiße Luft leichter ist als kalte Luft. Wenn die Luft im Ballon deutlich heißer als die Außenluft geworden ist, dann drängt sie nach oben und der Ballon steigt ganz langsam in die Höhe. Deswegen nennt man ihn auch ›Heißluftballon‹.«

Anna-Marie kann es kaum mehr erwarten. Endlich kommen die drei an dem Platz an, wo der Ballon starten soll. Die Ballonmannschaft wartet bereits auf sie. Noch liegt die bunte Ballonhülle schlaff auf dem Boden. Einige Männer bereiten den Korb und den Brenner für die Fahrt vor. Genug Zeit also für Anna-Marie, um nun dem Ballonpiloten, Herrn Niemeyer, Löcher in den Bauch zu fragen: »Guten Morgen, Herr Pilot! Wieso mussten wir eigentlich so früh aufstehen?«

Herr Niemeyer streicht sich über seinen silbriggrauen Bart und schmunzelt. »Eine berechtigte Frage, junge Dame. Wir starten mit unseren Ballons nur morgens und abends kurz nach Sonnenaufgang und vor

Sonnenuntergang. Dann ist die Luft ruhiger. Tagsüber scheint die Sonne zu stark. Dann erwärmt sie den Boden und erzeugt dadurch Auf- und Abwinde, die uns in unserem Korb ganz schön durchschütteln könnten. Na ja, und nachts zu fahren, wäre auch keine gute Idee. Da könnten wir nicht sehen, wo wir landen. Das wäre zu gefährlich.«

Wie entsteht Wind?

Wenn Luft sich erwärmt, dehnt sie sich aus und wird leichter. Die leichtere Luft steigt dann nach oben, während kältere Luft absinkt. Ähnliches passiert zum Beispiel über den Kerzen einer Weihnachtspyramide: Die Luft über den Flammen wird erwärmt, steigt auf und versetzt die Flügel der Weihnachtspyramide in Bewegung. Beim Heißluftballon lässt die warme Luft in der Ballonhülle den Ballon in die Höhe steigen.

Das Gleiche geschieht, wenn im Sommer die Sonne scheint und den Erdboden erwärmt. Auch die direkt darüberliegende Luft erwärmt sich und steigt nach oben. Kühle Luft strömt von einem anderen Ort nach, erwärmt sich ebenfalls beim Überstreichen des warmen Bodens und steigt auf. Und wieder strömt kühlere Luft nach. So entstehen die Luftströmungen, die wir allgemein Wind nennen.

Anna-Marie nickt. Das wollte sie auch nicht gern, nachts mit einem Ballon durch die Luft fahren.

Plötzlich ertönt hinter ihnen ein zischendes Geräusch. Erschrocken dreht Anna-Marie sich zu den Männern um, die den Ballon startklar machen. Der große Korb, in dem die Passagiere während der Fahrt stehen werden, liegt auf der Wiese. Einer der Männer testet gerade den Brenner, aus dem mit lautem Getöse eine gewaltige Flamme herausschießt. ›Ganz schön laut!‹, denkt Anna-Marie und hält sich vorsichtshalber die Ohren zu.

Nun pusten die Männer mit einem Gebläse Luft in die platte Ballonhülle. Langsam füllt sich der Ballon. Gleichzeitig beginnt Herr Niemeyer, mit dem Brenner die Luft im Ballon zu erhitzen. Dadurch bläht sich die Hülle noch weiter auf. Nun richten die Männer den Korb auf.

Einer von ihnen erteilt Anna-Marie und ihren Eltern noch einige Anweisungen, wie sie sich in der Luft verhalten sollen. Als der Ballon voller warmer Luft ist, laden die Männer ein Funkgerät, den Verbandskasten und einen Feuerlöscher in den Korb. Dann dürfen Anna-Marie, ihr Papa und ihre Mama über eine kleine Leiter zu Herrn Niemeyer in den Korb steigen. Als alle sicher im Korb stehen, zieht der Pilot mehrfach an einem Seil. Das entzündet erneut den Gasbrenner und eine Stichflamme schießt hoch, die die Luft im Ballon weiter erwärmt.

Jetzt ist es endlich so weit. Kaum spürbar erhebt sich der Ballon in die Luft. Die Männer am Boden winken und rufen »Gute Fahrt!« Nach und nach werden sie immer kleiner. Schon hat der Ballon die Bäume unter sich gelassen und Anna-Marie kann Häuser und Kirchen sehen. Straßen schlängeln sich durch den Wald. Die Autos sehen aus wie Spielzeug. Im Osten steht die Sonne schon etwas über dem Horizont und spendet das erste Licht des Tages. Aber es ist immer noch ziemlich kühl.

Wieso entweicht die Luft nicht in den Weltraum?

Die Erde ist umgeben von einer Lufthülle, die wir Atmosphäre nennen. Die Luft in der Atmosphäre wird nach oben hin immer dünner. In einigen Hundert Kilometern Höhe gibt es dann keine Luft mehr. Dort geht die Atmosphäre in den luftleeren Weltraum über.

Hast du dich schon mal gefragt, warum die Luft der Atmosphäre nicht einfach in den Weltraum wegzischt? Das wäre ziemlich blöd für uns, weil wir dann keine Luft mehr zum Atmen hätten. Zum Glück passiert das nicht. Vielleicht hast du schon mal von der Anziehungskraft der Erde gehört. Diese Kraft sorgt dafür, dass wir nicht einfach wegfliegen, sondern mit den Füßen immer auf dem Boden bleiben – wenn wir nicht gerade hochspringen ... Genau so hält die Erdanziehungskraft auch die Luft der Atmosphäre fest. Ok, ein paar Luftteilchen entweichen ab und zu. Aber das sind so wenige, dass man das gar nicht merkt.

Anna-Marie drückt ganz fest die Hand Ihrer Mutter. Angst hat sie keine, obwohl doch unter ihren Füßen nur noch Luft ist. Sie betrachtet Herrn Niemeyer von der Seite. Er wirkt sehr ruhig und erfahren. In regelmäßigen Abständen kontrolliert er die Gasflamme und streicht

sich dabei von Zeit zu Zeit bedächtig durch den Bart.
›Der hat sicherlich schon viele Ballonfahrten gemacht‹,
denkt sich Anna-Marie. ›Bestimmt bringt er uns wieder
heil nach unten.‹ Herr Niemeyer zieht erneut am Seil,
und der Brenner spuckt wieder Feuer. Der Ballon gewinnt dadurch ein wenig an Höhe.

Anna-Maries Papa fach-
simpelt mit dem Piloten
über die Technik des Ballon-
fahrens. Anna-Marie und
ihre Mutter genießen für
eine Weile einfach nur das
lautlose Dahinschweben.

»Ich fühle mich wie eine
Wolke«, ruft Annas Mutter
begeistert.

Anna-Marie versucht, an
der Ballonhülle entlang
nach oben zu spähen. ›Da
oben ist immer noch so viel
Himmel. Dabei sind die
Menschen und Häuser un-
ten am Boden doch schon
so winzig klein!‹, denkt sie.
Verwundert fragt sie den Piloten: »Sind wir schon so
hoch wie die Wolken?«

Herr Niemeyer lächelt:

»Nein, kleines Fräulein, die niedrigsten Wolken liegen noch etwa einen Kilometer über uns. Wir haben mit unserem Ballon eine Höhe von 700 Metern erreicht. Das ist ungefähr so hoch wie die höchsten Wolkenkratzer, die es auf der Welt gibt. Hin und wieder gibt es in dieser Höhe aber auch schon die ersten Wolken.«

»Wie hoch ist der Himmel denn?«, fragt Anna-Marie und denkt sich im nächsten Moment: ›Was für eine blöde Frage!‹

Aber Herr Niemeyer findet die Frage offenbar überhaupt nicht blöd. Er streicht sich wieder über seinen Bart und sagt: »Das ist eine beinahe schon philosophische Frage! Sehr kniffelig. Der Übergang vom Himmel in den Weltraum ist ein sanfter. Deswegen ist die Frage nach der Höhe des Himmels auch schwer zu beantworten: Der Himmel ist nämlich in verschiedene Schichten unterteilt. Wir sagen auch Atmosphäre dazu. Die unterste Schicht, in der das Wetter stattfindet, ist nur etwa 10 Kilometer hoch und heißt Troposphäre. Darüber kommen verschiedene andere Schichten, die bekannteste unter ihnen ist die Ozonschicht. Nach einigen 100 Kilometern gelangt man langsam in den luftleeren Raum.«

»Und wie hoch kommen wir mit unserem Ballon?«, fragt Anna-Marie.

»Wir könnten noch mehrere Kilometer aufsteigen, aber irgendwann wird es da oben ungemütlich kalt. Außerdem wird die Luft dort langsam so dünn, dass wir Probleme beim Atmen bekommen dürften. Da bräuchte man dann schon ein Sauerstoffgerät wie beim Bergsteigen«, erklärt Herr Niemeyer.

Ozon – ein Gift, das uns schützt

Wenn wir es einatmen, ist Ozon eigentlich ein sehr giftiges Gas für den Menschen. Andererseits ist es für uns aber auch lebensnotwendig! Wie das geht? In etwa 20 bis 30 Kilometern Höhe gibt es in der Atmosphäre eine Schicht aus Ozon, die Ozonschicht. Das Ozon fängt jene gefährlichen Strahlen der Sonne ab, die unsere Haut verbrennen und schlimme Krankheiten wie Hautkrebs verursachen können. Deshalb ist die Ozonschicht wie ein Schutzschild vor der Sonne für uns.

Ozon entsteht aber auch um uns herum, und dort schadet es unserer Gesundheit und auch den Pflanzen. Besonders im Sommer, wenn die Sonne tüchtig scheint, verwandeln die Sonnenstrahlen die Abgase der Autos und der Fabriken in Ozon. In der Zeitung und im Radio ist dann oft von ›Sommersmog‹ die Rede. Wenn du bei Sommersmog schnell läufst, spürst du ein Brennen in der Lunge und fühlst dich gar nicht wohl. Das ist die Wirkung des Gifts Ozon. Ob Ozon also nützlich oder schädlich für uns Menschen ist, hängt davon ab, wo es sich in der Erdatmosphäre befindet.

»Und wir wollen ja auch ein bisschen die Leute und Gebäude am Erdboden betrachten, während wir hier so dahinschweben«, ruft Anna-Maries Vater, der gerade das
Fußballstadion entdeckt hat und davon viele Fotos mit
seinem Fotoapparat schießt. »Darum werden mich
meine Vereinsfreunde bestimmt beneiden«, murmelt er
zufrieden.

›Recht hat er‹, denkt Anna-Marie, die vor lauter Him-
melsforschung den Boden ganz vergessen hat. ›Da unten gibt es doch auch so viel zu sehen!‹ Sie reckt sich
über den Rand des Ballonkorbs und schaut nach unten.
Da liegt ihre Heimatstadt. So viele Häuser, Straßen und
Parkplätze. Rundherum erstrecken sich weite Felder und
Wälder, durchschnitten von einigen Straßen und weiter
im Westen von der Autobahn. Die Stadt selbst liegt irgendwie im Dunst.
　　»Warum ist es denn über der Stadt so diesig?«, fragt
sie den Ballonfahrer.
　　»Das ist die Dunstglocke der Stadt«, erklärt Herr Niemeyer. »In so einer Großstadt fahren viele Autos herum.
Und die Fabriken und die Heizungen der Häuser blasen
ihre Abgase in die Atmosphäre. Dieser ganze Schmutz
sammelt sich in der Luft über der Stadt und trübt sie so
ein. Manchmal fällt einem dann sogar das Atmen
schwer. Wir nennen das Smog.«
　　Wieder zieht der Pilot an dem Seil. Ein Schwall erhitz-
ter Luft flutet die Ballonhülle, sodass es noch ein biss-

chen höher geht. Zwischendurch knarzt das Funkgerät, über das der Pilot Kontakt zu seiner Bodenmannschaft hält. Die Männer, die vorhin den Ballon startklar gemacht haben, fahren in einem Auto hinter dem Ballon her.

Wenn die Luft schmutzig ist

Heizungen, Fabrikschlote und Autos pusten ständig Abgase in die Luft und verschmutzen sie. Denn die Abgase sind ungesund und machen Pflanzen, Tiere und Menschen krank. Es gibt Städte, in denen den Bewohnern das Atmen schwerfällt, weil die Luft so schlecht ist. Schlaue Erfindungen wie zum Beispiel Katalysatoren, Rußfilteranlagen und bleifreies Benzin haben die Luftqualität inzwischen an vielen Orten wieder verbessert.

Aber vor allem die Verbrennung von Erdöl, Kohle und Gas, die zur Stromproduktion nötig ist, belastet unsere Luft. Deswegen suchen Forscher ständig nach Möglichkeiten, wie man elektrischen Strom auf anderem Wege erzeugen kann. Sie versuchen auch, umweltfreundlichere Autos zu entwickeln, die nicht mit Benzin betrieben werden müssen.

Der Wind hat den Ballon an der Stadt vorbeigetragen. Nun geht es über Felder, Wälder und Wiesen. Dazwi-

42

schen sieht Anna-Marie immer wieder Bauernhöfe und
kleinere Ortschaften. An manchen Bauernhöfen stehen
große weiße Windräder aus Stahl, die sich langsam im
Wind drehen. Von oben sieht alles sehr friedlich aus.
›Wie eine riesige Modelleisenbahn‹, denkt Anna-Marie.

Plötzlich zieht Herr Niemeyer an einem anderen Seil,
das Anna-Marie bisher noch gar nicht bemerkt hatte.

Ganz oben in der Ballonhülle entstehen ein paar Löcher.

»Ist etwas nicht in Ordnung, da oben sind Löcher in der Hülle?«, fragt Anna-Maries Mama mit leicht besorgter Stimme.

Der Pilot grinst: »Keine Sorge, das mache ich mit Absicht. Durch die Löcher kann ich kontrolliert Luft ablassen, damit wir an Höhe verlieren. Leider ist unsere Fahrt nun bald zu Ende. Wir müssen uns nach einem geeigneten Landeplatz umsehen. Ich habe da eine Wiese im Auge, auf der ich schon mal gelandet bin. Mal sehen, ob wir die erwischen. Wir haben ja nicht so viele Steuermöglichkeiten, wie zum Beispiel ein Flugzeug oder Hubschrauber, und müssen nehmen, was kommt.«

Geschickt manövriert der Pilot den Ballon, indem er einerseits Luft ablässt und den Ballon zwischendrin erneut befeuert. Nach einiger Zeit erreichen sie tatsächlich die Wiese. Am Rand wartet bereits die Begleitmannschaft, die der Pilot per Funk über seinen Plan informiert hat. Ganz sanft verliert der Ballon an Höhe. Anna-Marie spürt kaum, wie es wieder Richtung Erde geht. Mit einem letzten Ruckeln landet der Ballon schließlich auf der Wiese und die vier Insassen haben wieder festen Boden unter den Füßen.

Zum Abschluss der Ballonfahrt werden jetzt noch alle Mitfahrer vom Piloten »getauft«. Die Erwachsenen bekommen ein Glas Sekt, Anna-Marie ein Glas Orangensaft. Herr Niemeyer räuspert sich und hält eine kleine Rede: »Hiermit taufe ich Sie, liebe Eltern, und dich, liebe Anna-Marie, offiziell zu Ballonfahrern. Ihr wart sehr angenehme Passagiere und dürft jederzeit wieder mitfahren.« Einer der Männer überreicht Anna-Marie und ihren Eltern eine Urkunde.

Wie wir die Kraft des Windes nutzen können

Schon seit Jahrtausenden nutzen die Menschen die Kraft des Windes, um damit Arbeiten zu verrichten oder sich fortzubewegen. Segelschiffe fangen den Wind in ihren Segeln auf und bewegen sich dadurch ohne Motor vorwärts. Mit Windmühlen mahlte man früher das Getreide zu Mehl.

Seit einigen Jahren nutzen die Menschen die Kraft des Windes auch, um Strom zu erzeugen: Die Windkraftwerke sieht man oft auf Anhöhen stehen, meist gleich mehrere nebeneinander. Sie sehen aus wie große Flugzeugpropeller. Immer wenn der Wind weht, erzeugen Windkraftwerke fast geräuschlos und ohne Abgase elektrischen Strom.

Anna-Marie ist immer noch begeistert von der Fahrt. »Wie klein die Menschen sind und wie groß der Himmel ist«, ruft sie und bedankt sich bei dem Piloten und seinen Helfern für das tolle Erlebnis. »Die Urkunde hänge ich zu Hause an die Wand. Und wenn ich groß bin, will ich auch Ballonfahrerin werden«, sagt sie.

 ## WORAUS BESTEHT DIE LUFT?

Die Luft der Atmosphäre ist ein Gasgemisch, das sich aus vielen verschiedenen Gasen zusammensetzt. Die Gasteilchen sind so klein, dass wir sie nicht sehen können.

* Hauptsächlich besteht die Luft aus Stickstoff.
* Viel wichtiger ist aber der Sauerstoff. Sauerstoff ist lebensnotwendig für uns, weil wir ihn zum Atmen brauchen. Er wird von den Bäumen und Pflanzen erzeugt. Sie wandeln ein anderes Gas in der Luft, das Kohlendioxid, durch einen komplizierten Prozess in ihren Blättern in Sauerstoff um. Ohne diesen Verwandlungsprozess, den wir auch Photosynthese nennen, könnten Menschen und Tiere nicht leben. Denn wir brauchen den Sauerstoff zum Atmen und stoßen dafür beim Ausatmen Kohlendioxid aus.
* Dieses Kohlendioxid ist also auch Bestandteil der Luft. Kohlendioxid ist nicht nur im Atem der Menschen und Tiere zu finden, sondern entsteht auch immer dann, wenn irgendwo ein Feuer brennt.
* Ozon und Kohlenmonoxid sind zwei weitere wichtige Gase in der Atmosphäre. Wenn im Sommer und Winter die Luft in den Städten so richtig schlecht wird, weil aus den Autos und Fabriken zu viele Schadstoffe in die Luft entweichen, dann spricht man von Smog. Ozon und Kohlenmonoxid sind daran beteiligt.

WAS KÖNNEN WIR TUN, UM DIE LUFT SAUBER ZU HALTEN?

Jeder kann dazu beitragen, dass die Luft weniger belastet wird. Hier sind nur ein paar Vorschläge aufgeführt. Wenn ihr selbst ein bisschen nachdenkt, fallen euch bestimmt noch viel mehr Dinge ein, die ihr tun könnt, um die Luftverschmutzung zu verringern:

* Viele Familien nehmen schnell das Auto, um kurz einkaufen zu fahren. Auch, wenn der Bäcker nur 5 Minuten entfernt ist. Überlege zusammen mit deinen Eltern, ob ihr nicht auch darauf verzichten könnt. Vielleicht könntet ihr zusammen mit dem Fahrrad hinfahren oder einen kleinen Morgenspaziergang machen.

* Es ist natürlich bequem, wenn dich deine Eltern mit dem Auto zum Fußballspielen oder Musikunterricht fahren. Aber schlage ihnen doch mal vor, stattdessen die Bahn oder den Bus zu nehmen.

* Wusstest du, dass besonders schnelles Fahren auch besonders viele Abgase produziert? Wenn ihr eine längere Reise mit dem Auto unternehmt, bitte deine Eltern, nicht zu schnell über die Autobahn zu rasen.

* Auch beim Heizen entstehen schädliche Abgase, die durch den Kamin in die Luft gehen. Besprich doch mit deiner Familie, wie ihr vermeiden könnt, dass die Heizung immer voll aufgedreht ist. Manchmal reicht es ja aus, einfach noch einen dickeren Pullover anzuziehen. Das ersparte Geld könntet ihr vielleicht für einen Familienausflug ausgeben!

* Achte darauf, dass in deinem Zimmer nicht den ganzen Tag die Heizung aufgedreht ist und das Fenster auf Kipp steht. Umweltfreundlicher ist es, morgens und abends das Zimmer einige Minuten durchzulüften und währenddessen die Heizung auszustellen.

* Oft lässt man abends das Licht in allen Zimmern brennen, auch wenn man sich dort gar nicht mehr aufhält. Wenn ihr das Licht ausschaltet, sobald ihr den Raum verlasst, spart ihr Strom. Dadurch tragt ihr auch dazu bei, dass weniger neue Kraftwerke gebaut werden müssen.

* Überprüfe doch mal, ob in euren Lampen noch normale Glühlampen leuchten. Falls ja, könntest du mit deinen Eltern bereden, stattdessen Energiesparlampen einzusetzen. Die verbrauchen deutlich weniger Strom.

✳ Viele Geräte im Haushalt verbrauchen Strom, selbst wenn sie ausgeschaltet sind. Das liegt an der sogenannten »Standby-Schaltung«. Mit einem Stromschalter an der Steckdose könnt ihr z.B. die Stereoanlage oder den Videorekorder richtig ausstellen.

Wasser –
Lebensspender und
Naturgewalt

LENA FINDET DAS UNGERECHT – VON DÜRREN UND ÜBERSCHWEMMUNGEN

Wieder ist ein heißer, trockener Tag vorbei. Lena sitzt mit ihren beiden großen Brüdern Nils und Christoph in der Wohnküche. Sie spielen »Die Siedler von Catan«, das haben ihr die beiden neulich beigebracht.

»Dafür, dass du erst neun Jahre alt bist, spielst du ziemlich clever. Ich hätte dir doch nicht alle meine Spieltricks verraten dürfen«, scherzt Nils, der schon 17 Jahre alt ist. Vor der Haustür tritt jemand seine Schuhe auf der Fußmatte ab. Es ist Lenas Vater, der mit sorgenvollem Gesicht die Küche betritt.

»Wenn es nicht bald regnet, brauchen wir die Gerste gar nicht mehr zu ernten«, stöhnt er. »Dann vertrocknet sie uns nämlich auf dem Feld.«

Lenas Eltern bewirtschaften einen Bauernhof. Nils und Christoph helfen ihnen bei der Ernte und dürfen sogar schon mit dem Traktor fahren. In den Schulferien kümmern sie sich auch um die 20 Kühe des Bauernhofs. Dann stehen sie jeden Morgen in

aller Frühe auf, um sie zu melken. Wenn Lena aufwacht, läuft sie immer als Erstes runter in den Hof. Sie liebt es, sich im Schlafanzug auf den Zaun der Kuhweide zu setzen und dort auf den gelben Milchwagen zu warten. Herr Knopp, der Milchmann, freut sich, wenn sie ihm zum Verladen der Milchkannen die Tür des Lieferwagens aufhält. »Auf dem Hof gibt es doch immer was zu tun«, seufzt Lenas Vater, Herr Ebeling, manchmal. Die Hauptarbeit hat er mit den Feldern, auf denen er verschiedene Getreidesorten anbaut.

Wasser – das Elixier des Lebens

Alle Menschen, Tiere und Pflanzen brauchen Wasser zum Leben. Ohne Wasser würden Tiere und Menschen verdursten, die Pflanzen vertrocknen. Das meiste Wasser auf der Erde ist in den Meeren gespeichert. Es ist salzig und daher nicht als Trinkwasser geeignet. Bei uns in Europa gibt es fast überall genügend Wasser. In anderen Gegenden der Welt aber leben viele Menschen ohne ausreichend sauberes Trinkwasser. Um nicht zu verdursten, trinken sie schmutziges Wasser aus Pfützen oder Tümpeln. Viele erkranken daran schwer oder sterben sogar.

Das Wetter ist ein wichtiges Gesprächsthema bei Familie Ebeling. Seitdem Lena denken kann, machen sich ihre Eltern Sorgen darüber, wie das Wetter wohl werden wird: Ob es zu viel regnet oder zu wenig, die Sonne hinreichend scheint oder zu stark – all das beeinflusst die Ernteerträge. Und je nachdem, ob ihre Ernte gut oder schlecht ausfällt, verdienen Lenas Eltern in dem Jahr besser oder schlechter. Wenn es nach der Aussaat des Getreides zu trocken ist, können die Samen nicht keimen. Ist es zu nass, schwemmt der Regen die Samen vom Feld. Gibt es Unwetter, knicken der Wind und die starken Niederschläge die Pflanzen um. Das geht so weiter bis zur Ernte. Deswegen interessiert sich Lenas Vater

sehr für das Wetter. Draußen im Hof hat er verschiedene Messgeräte aufgestellt, wie Thermometer, Barometer und Regenmesser, die ihm helfen, das Wetter zu bestimmen. Außerdem hört er jeden Tag die Wettervorhersage im Radio. Und dann gibt es da noch die sogenannten Bauernregeln, die ihm helfen, das Wetter vorherzusagen. So weiß er oft sogar besser Bescheid als der Wetterbericht, ob am nächsten Tag die Sonne scheinen oder ob es regnen wird.

Dieser Sommer ist so gar nicht nach dem Geschmack von Herrn Ebeling. Erst war es zu feucht, dann gab es spät im Frühling noch Nachtfrost. Dabei sind zahlreiche junge Pflanzen erfroren. Jetzt ist Hochsommer und es hat seit zwei Wochen nicht mehr geregnet. Alles ist ausgedorrt. Lena sitzt im Hof auf einem Heuballen und streichelt Mina, ihre grau getigerte Katze. Schon in der Ferne kann sie ihre Freundin Lili erkennen, die vom Nachbarshof auf ihrem Tretroller angedüst kommt. Lili lässt eine große Staubwolke hinter sich, weil der Boden so trocken ist. »Hallo, Herr Ebeling, Sie sehen ja aus wie drei Tage Regenwetter«, begrüßt sie Lenas Vater fröhlich.

»Schön wär´s«, seufzt der. »Ein feiner, lang anhaltender Landregen wäre jetzt genau das, was wir brauchen.«

»Papa, gibt es keine Bauernregel, die für morgen Regen verspricht?«, fragt Lena und hofft, ihren Vater ein wenig aufmuntern zu können.

»Nein, Lena, leider bleibt es erst einmal trocken, wie schon in den letzten zwei Wochen. Erst übermorgen soll es vielleicht regnen.«

»Das wäre doch super, oder?«

»Ja, mein Schatz, eigentlich schon. Aber wenn es wieder so einen Platzregen mit Gewitter und Sturmböen gibt, zerschlägt es mir die Gerste auf dem Feld. Das bringt dann auch nichts.«

»Jetzt kommt erst einmal zu Tisch. Wir können das Wetter ja doch nicht ändern«, mischt sich Lenas Mama beruhigend ein.

Herr Ebeling murmelt vor sich hin: »Daran werden wir auch mit den modernsten Wettermessungen nichts ändern können. Mama hat recht, wir müssen das Wetter nehmen, wie es kommt.«

Nach dem Abendesssen wirkt Herr Ebeling entspannter. Die Späße der Kinder haben ihn abgelenkt. »Ich gehe noch etwas raus und schaue, wie es auf den Feldern aussieht. Lena und Lili, wollt ihr mitkommen?

»Klar!«, rufen die Mädchen begeistert, »wir sind dabei.«

›Bloß los‹, denkt Lena, ›bevor Mama merkt, dass schon Zubettgehzeit ist.‹

Es dämmert, als sie den Feldweg einschlagen. Der Himmel ist in ein purpurnes Abendrot getaucht, hoch über ihren Köpfen drehen einige Schwalben zirpend ihre Runden.

»Seht ihr die Schwalben? Ihre Flughöhe hängt vom

Wetter ab: Wenn sie tief fliegen, dann kann man davon ausgehen, dass es in den nächsten Stunden regnen wird. Das liegt daran, dass die kleinen Mücken und Fliegen, ihre Beute, bei hoher Luftfeuchtigkeit in Bodennähe herumschwirren. Schon unsere Vorfahren wussten das«, fährt Lenas Papa fort, »mit viel Erfahrung und durch genaues Beobachten der Natur kann man das Wetter der kommenden Stunden vorhersagen.«

»Oje«, stöhnt Herr Ebeling plötzlich auf, »das sieht ja noch schlimmer aus als gestern.«

Wenn fruchtbares Land zur Wüste wird

Nicht überall auf der Welt regnet es so regelmäßig wie bei uns in Mitteleuropa. In Afrika zum Beispiel regnet es manchmal wochenlang nicht. Schließlich vertrocknen die Pflanzen auf den Feldern, und die Menschen haben nichts mehr zu essen. In der Zeitung liest man dann von schlimmen Dürrekatastrophen.

Auf Dauer kann so aus fruchtbarem Land eine Steppenlandschaft werden. Wenn es zu wenig regnet und die Weiden von zu vielen Tieren abgegrast und zertrampelt werden, trocknet der Boden so stark aus, dass dort kaum noch Pflanzen wachsen können. Zuerst verwandelt sich das Land in karge Steppe, später sogar in Wüste. Wenn der Mensch nicht rechtzeitig eingreift und den Boden bewässert, gedeihen hier keine Pflanzen mehr, und die Menschen, die dort leben, müssen wegziehen.

Lena und Lili haben ihm so aufmerksam zugehört, dass sie gar nicht mehr auf den Weg geachtet haben. Fast wären sie in das große Gerstenfeld hineingestolpert. Lena muss tief schlucken, als sie das Feld genauer betrachtet:

An einigen Stellen hat der lehmige Boden schon Risse. Es sieht fast so aus wie nach einem Erdbeben. Doch die Risse sind nicht durch ein Beben, sondern durch die starke Trockenheit entstanden. Die Pflanzen lassen schon ihre Köpfchen hängen.

Grundwasser – Quelle für unser Trinkwasser
Wenn es regnet, versickert das Wasser langsam im Boden. Dabei fließt es durch verschiedene Schichten aus Sand und Steinen, die das Wasser wie ein Filter säubern. Viele Meter tiefer gibt es meistens eine wasserundurchlässige Schicht. Dort sammelt sich das Wasser zum sogenannten Grundwasser, einer Art unterirdischen Sees. Unser Trinkwasser beziehen wir meist aus diesen Wasservorräten. Um es zu fördern, bohrt das Wasserwerk einen Brunnen.
Wenn das Wasserwerk, viele Bauern, vielleicht sogar noch eine Fabrik gleichzeitig das Grundwasser abpumpen, sinkt der Grundwasserspiegel. Es dauert dann oft sehr lange, bis das Grundwasser durch Regenfälle wieder aufgefüllt ist.
Manchmal kommt das Trinkwasser auch aus Flüssen. Das muss aber oft erst aufwendig gereinigt werden, bevor man es verwenden kann.

»Seht ihr, die Gerstenpflanzen brauchen dringend Regen. Sonst vertrocknen sie oder werden krank«, seufzt Lenas Papa entmutigt.

»Wir könnten das Feld doch mit dem Gartenschlauch bewässern«, schlägt Lena vor.

»Künstliche Bewässerung ist eine Möglichkeit«, erklärt ihr Papa, »allerdings wäre es viel zu anstrengend, das riesige Feld mit dem Gartenschlauch zu bewässern. Da müsstet ihr eine Nachtschicht einlegen, um fertig zu werden. Besser setzt man große Wassersprenkler ein.«

»Mein Papa sagt immer, dass wir sowieso bald kein Wasser mehr haben werden«, verkündet Lili.

»Ganz so schlimm ist es nicht«, beruhigt sie Herr Ebeling, »aber es ist tatsächlich so, dass wir mit dem Wasser sparsamer umgehen müssen. Dadurch, dass alle Bauern mit ihren Pumpen die unterirdischen Wasservorräte anzapfen, ist der Grundwasserspiegel bereits stark gesunken. Es wird lange dauern, bis der sich wieder auffüllt. Umso mehr hoffen wir deshalb auf Regen.«

»In Zukunft müssen wir mit dem Wasser nicht nur sparsamer, sondern auch sorgsamer umgehen«, fährt Lenas Papa fort. »Die meisten Bauern verwenden zum Schutz ihrer Pflanzen bestimmte Mittel, wie Dünger und Pestizide. Mit dem Dünger fördern sie das Wachstum der Pflanzen, mit den Pestiziden bekämpfen sie Schädlinge wie Käfer oder Läuse. Diese Mittel verbleiben aber nicht nur auf den Pflanzen, sondern dringen mit dem Regenwasser auch in den Boden ein und gelangen ins Grundwasser oder in Flüsse. Dadurch werden Tiere und Pflanzen vergiftet, selbst unser Trinkwasser wird belastet und muss erst aufwendig gereinigt werden, damit wir es trinken können. Es ist wichtig, dass man mit diesem Unsinn aufhört und sich für umweltschonendere Anbaumethoden entscheidet.«

Was ist eigentlich biologischer Anbau?

Bestimmt hast du schon mal im Supermarkt Lebensmittel mit dem Aufdruck »BIO« gesehen. Diese Lebensmittel kommen von einem ökologischen Bauernhof. Normalerweise sprüht ein Bauer Gift, sogenannte Pestizide, um die Pflanzen vor schädlichen Insekten, Würmern und vor Krankheiten zu schützen. Außerdem setzt er verschiedene Düngemittel ein, damit seine Pflanzen größer werden und die Früchte noch schöner und saftiger aussehen.

Auf einem Bio-Bauernhof dagegen achtet der Landwirt darauf, die Natur möglichst wenig zu belasten. Anstelle von Gift setzt er zum Beispiel andere Insekten ein, die die Schädlinge auffressen. Ohne Gift und künstlichen Dünger werden die Bio-Äpfel zwar nicht so riesig und haben manchmal sogar Flecken. Aber Bio-Lebensmittel schmecken meist viel besser. Vor allem sind sie ohne all das Gift auch gesünder!

Lena nickt, ›deswegen haben Mama und Papa vor einigen Jahren auf biologische Landwirtschaft umgestellt‹, denkt sie.

Inzwischen ist die Sonne schon fast untergegangen. Lili verabschiedet sich und rollert nach Hause. Lena und ihr Papa machen sich auf den Rückweg. Im Fernsehen laufen die Abendnachrichten. Der Sprecher berichtet von einer Flutkatastrophe in Afrika. Tagelange Regenfälle haben dort ganze Dörfer weggespült und die Ernte vernichtet. An einem Tag ist so viel Wasser vom Himmel gekommen wie sonst in einem Monat.

›Wie bei einer Sintflut‹, schaudert Lena. Man sieht verzweifelte Menschen auf Hausdächern sitzen, die auf Hilfe warten. Das Flutwasser reicht bis zu den Hausdächern. ›Die Häuser müssen bestimmt abgerissen werden, wenn das Wasser wieder abgeflossen ist. Dann haben die Familien, die dort gewohnt haben, kein Dach mehr über dem Kopf‹, denkt Lena traurig. ›Im Moment werden sie aber froh sein, überhaupt von ihrem Dach gerettet zu werden.‹

Jetzt ist ein Hubschrauber im Bild, der die Menschen mit einer langen Strickleiter endlich in Sicherheit bringt.

›Zu wenig Regen ist schlecht, aber zu viel Regen ist auch nicht gut‹, überlegt Lena.

Am nächsten Tag scheint die Sonne wieder von morgens bis abends. Im Radio spricht der Moderator von tollem Sommerwetter.

›Wenn man ins Schwimmbad gehen will, stimmt das natürlich‹, denkt Lena voller Sorge.

Am Abend strahlt Lenas Papa über das ganze Gesicht: »Kinder, ich lade euch zum Eisessen ein – für morgen sind endlich Regenfälle angesagt! Hoffentlich kommt der Regen noch rechtzeitig, bevor das Getreide auf dem Feld vertrocknet.«

Und tatsächlich. Der nächste Tag beginnt schon grau: Der Himmel hat sich bezogen. Die Sonnenstrahlen dringen kaum noch durch die Wolken hindurch. Nachmittags beginnt es endlich zu regnen. Erst sind es nur einzelne Tropfen, die auf den ausgetrockneten Boden fallen. Doch dann regnet es einige Stunden lang ohne Unterbrechung. Nun ist natürlich der Radiomoderator traurig, dass niemand mehr ins Freibad gehen kann. Aber in Lenas Familie freuen sich alle, weil die Ernte gerettet ist.

 DER WASSERKREISLAUF

Das Wasser auf der Erde befindet sich in einem ewigen Kreislauf: Das Wasser aus den Meeren und Seen wird durch die Sonne erwärmt, es verdunstet und steigt als unsichtbarer Wasserdampf in die Luft auf. Weiter oben im Himmel, wo die Luft kälter ist, kondensiert der Wasserdampf und wird als Wolke wieder sichtbar. Die kleinen Tröpfchen in der Wolke ballen sich zu Regentropfen zusammen. Wenn die Regentropfen groß und schwer genug geworden sind, fallen sie als Regen zu Boden und versickern. Das Wasser sammelt sich als Grundwasser und tritt nach vielen Jahren wieder an die Erdoberfläche.

Das musst du dir mal ausmalen: Das Wasser, mit dem du dich heute duschst, ist vor langer Zeit einmal in einem Fluss ins Meer geflossen. Dort ist es verdunstet und zum Tropfen in einer Wolke geworden. Dazwischen wurde es vielleicht von einem Elefanten getrunken oder von einem Baum mit den Wurzeln aufgesaugt. Nun fließt es aus deinem Duschkopf. Was danach damit passiert, weiß niemand. Sicher ist aber eines: Es wird immer aufs Neue den ewigen Kreislauf des Wassers durchlaufen!

WAS WIR SELBST TUN KÖNNEN: WASSER SPAREN UND WASSER SAUBER HALTEN

* Weißt du eigentlich, dass fast ein Drittel des Wassers, das wir am Tag verbrauchen, für die Klospülung verschwendet wird? Wenn ihr so etwas noch nicht habt, solltest du deine Eltern überzeugen, dass ihr in eurer Toilette eine Spartaste einbaut.

* Um die Badewanne zu füllen, benötigt man fast 200 Liter Wasser. Deswegen ist es besser, zu duschen, als zu baden.

* Viele glauben immer noch, dass das Spülen von Hand umweltschonender ist. Das ist ein Irrtum: Die Spülmaschine verbraucht viel weniger Wasser! Wer dennoch mal das Geschirr selbst spült, sollte darauf achten, dass er es nicht bei fließendem Wasser tut.

* Auch undichte Wasserhähne sind große Wasserverschwender: An einem Tag kann ein tropfender Wasserhahn bis zu 20 Liter Wasser verlieren. Das sind fast zwei große Eimer voll! Bitte deine Mutter oder deinen Vater, den Hahn zu reparieren.

* Auch beim Zähneputzen kannst du Wasser sparen: Lass den Wasserhahn währenddessen nicht laufen, sondern fülle zum Spülen einen Zahnputzbecher mit

Wasser. Es ist bestimmt auch nützlich, wenn du deine Eltern und Geschwister darauf hinweist ...

✺ Waschmittel und Putzmittel verschmutzen das Wasser. Beide Reinigungsmittel sollten daher möglichst ökologisch sein und im Haushalt sparsam eingesetzt werden.

Wenn die Natur verrücktspielt

REGEN, HAGEL UND ÜBERSCHWEMMUNGEN –
PAUL ERLEBT EIN SCHWERES GEWITTER

Heute ist ein schöner Sommertag mit viel Sonnenschein. Paul übt mit seinem neuen Fahrrad im Garten Slalomfahren. Er hat sich einen Pfad aus Wasserflaschen aufgestellt. Bei der Umrundung der letzten Flasche legt er sich eng in die Kurve und macht Kehrtwende. »Hurra, meine Bestzeit!«, brüllt er lauthals, als er die Ziellinie erreicht. Seine kleine Schwester Linn lässt sich davon nicht beeindrucken. Sie schippt eifrig mit einer Schaufel im Sandkasten und verbuddelt sorgfältig eines nach dem anderen ihre Stofftiere.

Nachher will Paul seinen Freund Alexander besuchen. Alexander wohnt unten im Tal. Direkt neben seinem Haus fließt ein kleiner Fluss. Das ist Pauls und Alexanders Lieblingsspielplatz. Dort treffen sie sich, wenn sie allein sein wollen. Sie haben hier schon viele aufregende Abenteuer erlebt. Paul denkt daran, wie sie im letzten Jahr aus ein paar Holzplanken ihre Pirateninsel gebaut haben. Die steht immer noch.

›Puh, eigentlich ist es fast ein bisschen zu heiß‹, merkt Paul plötzlich. Er wischt sich über die Stirn. Durch das Slalomfahren ist er ganz schön ins Schwitzen geraten. Selbst Flappsi liegt träge auf dem Rasen. Seine Zunge hängt weit aus dem Maul heraus, er hechelt angestrengt. Flappsi ist der Hund von Familie Mehring. Pauls Eltern haben ihn voriges Jahr aus dem Tierheim geholt. Da war Flappsi noch ein Welpe. Die Luft ist beinahe so drückend und feucht wie im Gewächshaus von Herrn Weiß. Der wohnt auf dem Nachbargrundstück und meckert immer, wenn Paul den Fußball zu ihm rüberschießt.

›Komisch‹, wundert sich Paul, ›die Sonne scheint ja gar nicht mehr.‹ Am Himmel sind viele Wolken aufgezogen. Sie bilden eine Art Schleier. Und in der Ferne

sieht er noch viel größere Wolken, die unten ganz dunkel und oben weiß sind. ›Die sehen aus wie ein riesiger Blumenkohl‹, denkt sich Paul. ›Merkwürdig, was das wohl für ein dunkles Grummeln in der Luft ist?‹ Ganz geheuer ist ihm dabei nicht. Jetzt hebt auch Flappsi seinen Kopf, schnüffelt mit seiner empfindlichen Hundenase und spitzt die Ohren.

Da ruft Frau Mehring, seine Mama, von der Terrasse: »Paul, Linn, gleich müsst ihr reinkommen. Im Radio haben sie gerade eine Unwetterwarnung durchgegeben. Es soll ein Gewitter geben mit Wind und starkem Regen und vielleicht sogar Hagel!«

»Das macht mir gar nichts«, ruft Paul, »ich habe doch mein Fahrrad und fahre dem Gewitter ganz schnell davon. Ich habe gar keine Angst. Außerdem muss ich doch gleich zu Alexander.«

Seine Mutter beugt sich lächelnd über das Geländer: »Dein Fahrrad wird dir nicht helfen, wenn das Gewitter kommt. Du sollst auch keine Angst haben, aber vorsichtig sein. Komm bitte herein, bevor es anfängt! Bei Gewitter solltest du besser nicht im Freien bleiben, sondern Schutz in geschlossenen Räumen oder im Auto suchen.«

»Und was ist mit Alexander?«

»Das müssen wir verschieben. Vielleicht ist es nachher wieder trocken. Dann können wir zusammen hinradeln.«

»Gut, ich komme gleich rein«, verspricht Paul seiner

Mutter. »Ich bleibe nur noch im Garten, bis die ersten Regentropfen fallen.« Das Haus von Familie Mehring steht auf einer kleinen Anhöhe. Von hier aus kann man sehr gut in die Richtung gucken, aus der das Gewitter gerade aufzieht. Paul beobachtet aufmerksam, wie die dicken, dunklen Wolken von Südwesten näher kommen. Sein Opa sagt immer: »Das ist die Wetterecke, da kommt das schlechte Wetter her!« An ihrer Unterseite sind die Wolken jetzt wirklich sehr dunkel. Oben sehen sie aus, als wären sie ausgefranst. Nun bemerkt Paul auch, dass es unter den Wolken ab und zu blitzt. Und einige Sekunden später hört man ein Donnern. Das Grollen kommt langsam näher und wird immer lauter.

Linn hat beim ersten Donnerschlag vor Schreck die Schaufel fallen lassen und ist ins Haus gelaufen. Flappsi rast ihr im Schweinsgalopp hinterher. Mama, die in der Terrassentür steht, kann den beiden gar nicht schnell genug Platz machen. Und schon sind sie hinter dem Sofa verschwunden.

Was ist ein Gewitter?
Gewitter gibt es meistens im Sommer, wenn es richtig heiß und schwül ist. Durch die sommerliche Hitze entstehen innerhalb der Gewitterwolke heftige Winde, die die Wassertropfen und Eiskörner in der Wolke immer wieder hoch- und runterwirbeln. Dabei baut sich ein elektrisches Feld auf, welches sich schlagartig in einem Blitz entlädt. Durch den Blitz wird die Luft ganz plötzlich stark erhitzt. Diese Erwärmung geschieht so schnell, dass sich die Luft explosionsartig ausdehnt. Das ist der Donner, den wir dann kurze Zeit nach dem Blitz hören.

Wieso blitzt es wohl so hell und donnert danach so laut, wenn ein Gewitter kommt?‹, wundert sich Paul und nimmt sich vor, nachher seine Eltern zu fragen. Rasch nähert sich die dunkle Wolkenwand, ein kühler Wind fegt durch den Garten. Plitsch, platsch fallen nun die ersten dicken Regentropfen auf den Boden.

74

Da blitzt es erneut, kurz darauf folgt der Donnerschlag. ›Ob die Blitze vielleicht etwas mit dem Donner
zu tun haben?‹, grübelt Paul. Langsam wird es ihm zu
ungemütlich. ›Ich sollte besser reingehen‹, überlegt er,
›sonst macht sich Mama noch Sorgen.‹ Er schiebt sein
Fahrrad in den Schuppen. Als er wieder rauskommt,
prasseln fette Tropfen auf sein T-Shirt und er rennt
schnell, bis er die Terrassentür erreicht hat.

Da kommt Papa von der Arbeit. Er streift sich die Kra-
watte ab und ruft erleichtert: »Puh, ist das ein Wetter-

chen da draußen. Gut, dass ich es noch rechtzeitig geschafft habe. Im Radio haben sie sogar was von örtlichen Tornados gesagt!«

Linn quietscht hinter dem Sofa auf, auch wenn sie gar nicht genau weiß, was ein Tornado ist. Sie hat ihren Arm um Flappsi gelegt, der ängstlich winselt und versucht, sich unter dem Wohnzimmertisch zu verkriechen.

Zerstörerische Windhosen – die Tornados

Tornados kennen wir meistens nur aus dem Fernsehen: Diese zerstörerischen Windhosen gibt es vor allem in Nordamerika. Sie entstehen bei besonders starken Gewittern. Während des Unwetters beginnen Teile der Wolke, sich zu drehen. Wie ein riesiges Staubsaugerrohr senkt sich dann aus der Wolke plötzlich eine Art Rüssel auf die Erde. Der Wind in diesem »Saugrüssel« ist so stark, dass sogar Autos mitgerissen und ganze Häuser abgedeckt werden können! Solche Tornados können ganze Landstriche verwüsten, sind bei uns aber zum Glück selten.

Draußen ist es jetzt stockdunkel, obwohl es erst fünf Uhr nachmittags ist. Laut prasseln die Regentropfen an die Fensterscheibe, und in kurzen Abständen schlagen Blitze vom dunklen Himmel. Sie tauchen den Garten kurz in grelles Licht. Paul kann sehen, wie die Bäume und Büsche vom Sturmwind gebeutelt werden. Nach jedem Blitz ertönt ein furchtbar lauter Donner.

›Ziemlich unheimlich‹, denkt sich Paul. Dann kuschelt er sich an seinen Papa und fragt ihn: »Ob es bei Alexander unten im Tal wohl auch so laut ist?«

»Ja, bestimmt«, antwortet sein Vater und nimmt ihn in den Arm. Mit dem anderen Arm zieht er Linn zu sich heran. »Keine Angst, Kinder. Hier im Haus sind wir sicher. Wir haben doch vor einigen Wochen einen Blitzableiter installieren lassen. Wenn nun der Blitz einschlägt, leitet der Blitzableiter den elektrischen Strom in die Erde ab«, beruhigt er die beiden.

Paul erinnert sich daran, dass vor einiger Zeit ein Blitz in einem Bauernhaus im Nachbarort eingeschlagen hat. Durch die Hitze, die bei dem Blitz entstanden war, hatte sich der Dachstuhl entzündet. Wäre die freiwillige Feuerwehr nicht so schnell da gewesen, wäre der ganze Bauernhof abgebrannt!

Inzwischen sieht es draußen so aus, als wenn die Welt unterginge. Aus den dicken Regentropfen sind nun teilweise Eiskörner geworden, die auf das Verandadach prasseln. Mit lautem Heulen peitscht der Wind um die Hausmauern.

»Oje, Hagel! Jetzt gehen meine ganzen Blumen kaputt«, ruft Pauls Mama.

»Hoffentlich bekommt unser Wagen keine Beulen von den Hagelkörnern«, sorgt sich sein Papa.

Linn schlottert vor Angst und klettert nun bei ihrer Mutter auf den Schoß. Frau Mehring versucht sie zu beruhigen: »Du musst im Haus keine Angst vor dem Gewitter haben. Hier passiert uns gar nichts. Man darf nur nicht übermütig werden und draußen herumturnen. Das ist nämlich gefährlich!«

Der Regen scheint nicht enden zu wollen. Auf der Straße haben sich kleine Flüsse gebildet, die den Hang hinunterfließen. In der Einfahrt staut sich das Wasser zu einem großen See.

Dann lässt der Hagel endlich nach. Die Blitze werden seltener, es hört auf zu regnen und schließlich klart der Himmel sogar auf. Paul geht mit seinem Papa nach draußen, um zu sehen, ob im Garten etwas beschädigt ist. Sein Vater seufzt erleichtert: »Der Hagel hat die Blumen ziemlich zerzaust, aber die berappeln sich bestimmt wieder. Und das Auto ist zum Glück unbeschädigt, das ist ja noch mal gut gegangen!«

Paul blickt die Straße hinunter ins Tal. ›Was ist denn da los?‹, wundert er sich. ›Warum stehen denn so viele Leute vor Alexanders Haus?‹

»Schau mal, Papa, bei Alexander und seinen Eltern scheint etwas passiert zu sein!«

»Komm mit, wir sehen mal, ob wir helfen können«, bestimmt sein Vater und zieht ihn entschlossen hinter sich her.

In der Ferne hört Paul ein Martinshorn. Kurz danach rast ein Gerätewagen der Feuerwehr an ihnen vorbei, er fährt den Hang hinab und hält vor Alexanders Haus. Paul und sein Papa folgen ihm mit großen Schritten. Paul blickt auf den Bach, der normalerweise friedlich hinter dem Haus dahinplätschert. Von ihrer Pirateninsel aus werfen Alexander und er sonst Steine ans andere Ufer. Aber das wäre jetzt unmöglich: Der Bach ist zu einem reißenden Strom angeschwollen und über die Ufer getreten. Er hat große Äste, Müll und anderen Unrat mit sich gerissen und das alles hat sich unterhalb der

Brücke angesammelt. Das viele Wasser kann nicht mehr richtig abfließen, dadurch hat sich vor der Brücke ein richtiger kleiner Stausee gebildet. Paul erkennt ihren Spielplatz nicht wieder. Und wo ist die Pirateninsel geblieben?

Das schmutzig braune Wasser reicht bis zu Alexanders Haustür. Offenbar ist schon viel Wasser in den Flur und den Keller gelaufen. Paul sieht Alexander am Fenster im ersten Stock stehen und winkt ihm zu. Alexander winkt zurück, dann verschwindet sein Kopf hinter der Gardine. Die Feuerwehrleute holen einen Schlauch aus ihrem Wagen, schließen eine große Pumpe an und beginnen, die braune Brühe aus dem Keller zu pumpen. Das schmutzige Wasser ergießt sich aus dem Schlauch in hohem Bogen in den Fluss. Drei von den Männern versuchen, die vielen großen Äste zu entfernen, die sich vor der Brücke angesammelt haben, damit das Wasser wieder abfließen kann.

Einige ältere Männer aus der Nachbarschaft stehen um die angestrengt arbeitenden Feuerwehrmänner herum und geben schlaue Kommentare ab. »Hoffentlich ist unser Keller nicht auch überschwemmt«, sorgt sich einer von ihnen. »So einen Sturm hatten wir ja schon lange nicht mehr.«
»Früher gab es doch solche schlimmen Unwetter gar nicht. Das kommt alles vom Klimawandel!«, mischt sich

ein aufgeregter junger Mann ins Gespräch ein. »All die Katastrophen, von denen in den Nachrichten berichtet wird ... Hurrikane, Taifune, Zyklone und Orkane ... ich sage Ihnen, das gab es früher nicht!«

Wie entstehen Hurrikane?

Hurrikane sind gewaltige Wirbelstürme, die Durchmesser von über 1000 Kilometern erreichen können. Die Sturmwolken haben die Form einer riesigen weißen Wolkenspirale, in deren Mitte ein wolkenfreies »Auge« ist. Hier ist es unheimlich windstill, aber drumherum tobt der Wind mit zerstörerisch hohen Geschwindigkeiten: Solch ein Wirbelsturm kann Häuserdächer wegreißen und Bäume wie Streichhölzer umknicken. Oft kommen dabei auch viele Menschen zu Schaden.

Hurrikane bilden sich über dem Meer – dort, wo das Wasser so warm ist, dass durch den Temperaturunterschied zur darüberliegenden Luft starke Winde entstehen können. Es gibt noch viele andere Namen für Hurrikane, zum Beispiel Taifune oder Zyklone. In Australien nennt man solche Stürme Willy-Willies. Bei uns gibt es diese Art von Wirbelstürmen zum Glück nicht.

»Ach was, Klimawandel ist doch wieder nur so ein Wort, damit die uns das Autofahren verbieten können. Der

Klimawandel ist doch überhaupt nicht zu beweisen«, raunzt ihn ein behäbiger dicker Mann mit Goldrandbrille an.

›Der hat doch wirklich keine Ahnung‹, denkt sich Paul ärgerlich. Fast möchte er auch etwas dazu sagen, da erscheint Alexander in Gummistiefeln in der Haustür.

»Hallo Paul, heute können wir nicht mehr spielen. Der ganze Keller und der Flur sind voller Wasser und ich helfe Mama und Papa beim Aufräumen und Saubermachen.«

Jetzt tritt auch Alexanders Vater in die Tür. Er hat seine Anglerhose aus Gummi angezogen, sie reicht ihm bis zur Hüfte. »Hallo, ihr beiden! Eine schöne Bescherung ist das! So ist das, wenn man direkt am Bach wohnt!«

»Können wir euch irgendwie helfen?«, fragt Pauls Vater.

»Danke für das Angebot. Die Jungs von der Feuerwehr leisten zwar ganze Arbeit, aber danach müssen wir noch wischen, putzen und trocknen ... Wenn ihr Zeit habt, gebe ich euch Eimer und Putzlappen. Habt ihr denn da oben das Unwetter heil überstanden?«

»Ja, zum Glück. Nur ein paar Blumen im Garten hat es erwischt. Also gut, dann mal los«, ruft Pauls Papa und krempelt sich die Hemdsärmel hoch.

Die Feuerwehrleute haben bald das meiste Wasser abgepumpt und die beiden Papas und Alexanders Mutter schwingen die Besen und Putzlappen. Paul und Alexander beobachten, wie die Feuerwehrleute ihre Geräte wieder einpacken und abfahren. Der Fluss ist immer noch viel höher als sonst, aber langsam geht der Wasserstand zurück.

Nach zwei Stunden ist schon alles wieder einigermaßen trocken. ›Zum Glück ist das Wasser nicht ins Wohnzimmer geflossen‹, denkt Paul.

Alexanders Papa bedankt sich überschwänglich bei den Helfern: »Vielen Dank für eure Hilfe. Dafür seid ihr nächstes Wochenende zum Essen eingeladen.«

»Das wäre zwar nicht nötig. Aber ich sage trotzdem nicht Nein. Ich weiß ja, wie gut ihr kocht«, grinst Herr Mehring. Paul denkt an die leckeren Fleischbällchen, die es letztens auf Alexanders Geburtstagsfeier gab. ›Das wird bestimmt ein Festessen‹, denkt er und freut sich. Dann machen die beiden sich auf den Heimweg. Unterwegs bemerken sie, dass aus der schönen alten Linde im Vorgarten des Nachbarhauses ein dicker Ast abgebrochen ist. Zum Glück ist er auf den Rasen vor dem Haus gefallen. Daneben liegen ein paar Dachziegel, die der Sturm vom Dach gefegt hat.

Gefährliche Winterstürme: die Orkane

Bei uns gibt es zwar keine Hurrikane. Aber ähnlich verheerend können die Stürme sein, die bei uns im Winter auftreten: die Orkane. Orkane bilden sich ebenso wie Hurrikane über dem Meer und fegen dann mit enormer Windstärke über das Land hinweg. Der Wind, der so schnell ist wie ein Auto auf der Autobahn, und die starken Regengüsse richten oft große Schäden bei uns an. Bei Orkanwetter treten Flüsse über die Ufer, der Sturm reißt Dachpfannen von den Dächern herunter und stürzt Bäume und Baugerüste um.

Am Abend schaut die ganze Familie gemeinsam die Lo-kalnachrichten. Paul und Linn dürfen dafür extra län-ger aufbleiben. Flappsi liegt schon in seinem Körbchen im Flur und erholt sich von den Aufregungen des Tages. Der Nachrichtensprecher berichtet von dem schweren Unwetter. Der Sturm hat die ganze Region heimgesucht, aber zum Glück hat es bei dem schlimmen Gewitter nur Sachschäden gegeben und niemand ist verletzt worden. Einige Keller sind vollgelaufen, der starke Wind hat bei mehreren Häusern die Dachpfannen vom Dach gerissen und auf die Straße geschleudert. Sogar ein paar große Bäume hat der Sturm ausgerissen.

»Da!« Paul springt vom Sofa auf. Im Bild sieht man ihre Brücke über dem reißenden Fluss. Und im Hinter-

grund das Haus von Alexander und seiner Familie! ›Ob Alexander wohl auch gerade die Nachrichten schaut?‹, überlegt er. ›Auf jeden Fall gibt es morgen früh in der Schule viel zu erzählen. Und unsere Pirateninsel müssen wir wohl neu bauen.‹

WIE MAN SICH BEI GEWITTER VERHALTEN SOLLTE

＊ In modernen Häusern bist du während eines Gewitters gut geschützt, weil fast alle Gebäude einen Blitzableiter auf dem Dach haben. Das ist ein dicker Metalldraht, der die elektrische Energie des Blitzes in den Boden ableitet. Fernseher, Telefon und Computer sollten während des Gewitters ausgeschaltet sein.

＊ Im Auto bist du besonders gut geschützt: Ein gewisser Herr Faraday hat vor langer Zeit entdeckt, dass einem Stromschläge nichts anhaben können, wenn man in einem Metallkäfig sitzt – und das Auto ist auch so eine Art Metallkäfig.

＊ Obwohl man im Auto gut geschützt ist, sollte man bei starkem Gewitter nicht weiterfahren, wenn es kräftig regnet oder sogar hagelt. Da die Sicht dann sehr schlecht ist, sollte man lieber auf dem nächsten Parkplatz anhalten und abwarten, bis das Gewitter vorbei ist.

＊ Bei Gewitter solltest du nicht Fahrrad fahren, mit dem Handy telefonieren oder in einem See baden. Das ist dann alles viel zu gefährlich!

✳ Wer von einem Gewitter in freier Natur überrascht wird, sollte sich auf keinen Fall unter einen Baum stellen. Das alte Sprichwort, man solle bei Gewitter »Buchen suchen«, ist gefährlicher Unsinn. Hohe Bäume oder Türme ziehen die Blitze sogar an! Wenn es keine Schutzhütte in der Umgebung gibt, suche die tiefste Stelle auf freiem Feld. Hocke dich hin, stelle die Beine ganz nah beieinander und mache dich so klein, wie du kannst. Auf keinen Fall solltest du dich flach hinlegen: Wenn ein Blitz in der Nähe einschlägt, durchfließt sonst der elektrische Strom deinen ganzen Körper!

Das Meer und seine Bewohner sind in Gefahr

 ## JAN UND LAURA RETTEN IHREN STRAND

»Zum Glück ist Samstag«, denkt Jan erleichtert, »keine Schule heute.« Er ist hundemüde. Am liebsten würde er sich gleich wieder hinlegen. Die ganze Nacht über hat es gestürmt, und der Wind hat pausenlos an den Rollläden gerüttelt. Jan ist davon immer wieder wach geworden. Lustlos beißt er in sein Marmeladebrötchen. Seine Eltern unterhalten sich angeregt. ›Wie können die nach so einer Nacht nur so fit sein?‹, wundert sich Jan.

Draußen klart der Himmel langsam auf. Immer noch treibt der Wind die Wolken über das flache Land, aber er wird schon schwächer. Und es regnet auch nicht mehr. Jan wohnt mit seinen Eltern direkt an der Küste. Aus seinem Zimmer im ersten Stock kann er den Deich sehen, der das Landesinnere vor Hochwasser schützt. Hinter dem Deich liegt gleich der Strand und dann beginnt schon das offene, weite Meer.

Am liebsten steht Jan hoch oben auf dem Deich und schaut in die Ferne: Bis zum Horizont sieht er dann nur noch Meer – und natürlich ein paar kreischende Möwen und viele, viele Schiffe. Da gibt es kleine Segelboote, größere Fischkutter und riesige Frachter, die Hunderte bunter Container auf ihren Ladeflächen transportieren. Sein Vater hat ihm erklärt, dass die

Frachter in alle Welt fahren und auf dem Rückweg aus den fernen Ländern Baumaterial, Kleidung und verschiedene Nahrungsmittel wie Bananen oder Ananas mitbringen.

Die Erde – der Blaue Planet

Aus dem Weltall sieht die Erde ganz anders aus, als wir sie von »hier unten« wahrnehmen. Vom Mond aus – das wissen wir von den Astronauten – sieht sie aus wie eine blaue Kugel. Deswegen bezeichnen wir die Erde auch als »Blauen Planeten«. Ihre Färbung kommt von den gewaltigen Meeren, die den größten Teil der Erdkugel bedecken und im Sonnenlicht blau schimmern. Denn die Erde ist zu zwei Drittel von Meer bedeckt, nur ein Drittel ist Land.

Jan legt sein Brötchen auf den Teller, um sich ausgiebig zu recken und laut zu gähnen. Im Radio laufen gerade die Nachrichten. Da fällt ihm plötzlich ein, dass nach dem letzten Sturm viele schöne Muscheln am Strand lagen, die das Meer angeschwemmt hatte. »Mama, Papa, wie wär's, wenn wir nachher am Strand Muscheln suchen gingen?«, legt er los, als seine Mutter ihm schnell die Hand auf den Mund legt. Jan hört gerade noch den Rest der Radioansage: » ... ist gestern Abend bei schwerer See ein Frachter auf eine Sandbank aufgelaufen.

Durch ein Leck im Rumpf konnten unbekannte Mengen an Treibstoff und Schweröl austreten. Rettungskräfte und Umweltschützer sind im Einsatz und versuchen, die Verschmutzung des Meeres und des Strandes einzudämmen. Und nun zum Sport ...«, flötet die Nachrichtensprecherin.

Besorgt schauen sich Jans Eltern an. Seine Mutter stöhnt: »Oje, eine Ölpest an unserer schönen Küste?«

Sein Vater schüttelt den Kopf: »Das wäre eine schlimme Katastrophe für den Tourismus, aber vor allem für die Natur.«

Jan hat davon gehört, dass bei so einer Ölpest viele Vögel und Fische sterben. Er fragt: »Können wir denn nichts dagegen unternehmen?«

Sein Papa zuckt mit den Schultern: »Nein, mein Junge, da sind wir machtlos. Wir können nur hoffen, dass nicht allzu viel Öl aus dem Frachter ausgetreten ist.«

Am frühen Nachmittag spielt Jan in seinem Zimmer. Zu seinen Füßen liegt Pippo, der Familienhund, und schnarcht. Hin und wieder winselt er im Schlaf und wackelt mit den Vorderpfoten. ›Pippo träumt bestimmt wieder von einer erfolgreichen Kaninchenjagd‹, grinst Jan. Da klingelt es. Durch die angelehnte Tür hört er, wie seine Mutter die Haustür öffnet.

»Hallo, Frau Hansen. Ich hoffe, ich störe nicht.« ›Das muss Laura sein‹, denkt Jan. Laura ist die Tochter der Nachbarn. Sie ist schon 17 und geht aufs Gymnasium. Jan hat sie letztens zusammen mit seiner Mutter in der Fußgängerzone getroffen. Da sammelte Laura am Stand vom Umweltschutzverein Spendengelder zur Unterstützung der Rettungsstation für Seevögel. Jan mag Laura gern, weil sie immer gut gelaunt ist und sich so sehr für Tiere interessiert.

›Was Laura wohl will?‹, wundert sich Jan. Er poltert die Treppe hinunter. Pippo stürzt hinterher.

»Hallo, Jan. Schön, dass du auch da bist!«, freut sich

Laura. »Ich wollte anfragen, ob ihr, du und deine Eltern, uns helfen könnt. Ihr habt doch sicherlich schon von dem Frachterunglück gehört. Wir von der Umweltgruppe gehen jetzt gleich zum Strand und helfen bei der Säuberung des Strandes und der Rettung der Seevögel. Jede Unterstützung ist willkommen!«

»Ja klar!« Jan ist begeistert von der Idee.

Seine Mutter zögert. »Stören wir denn dort nicht bei den Rettungsarbeiten?«

»Nein, nein«, beruhigt Laura sie. »Die Besatzung des Schiffes ist inzwischen gerettet. Und das Schiff wird erst in den nächsten Tagen repariert und dann wieder ins Wasser gezogen.«

»Dann spricht eigentlich nichts dagegen«, entscheidet Frau Hansen. »Der Strand gehört ja schließlich uns allen. Also sollten wir auch alle dafür sorgen, dass er sauber bleibt.«

»Haben Sie Gummistiefel und Handschuhe?«, fragt Laura vorsorglich. »Der Ölschlamm ist scheußlich klebrig, da sollte man sich gut abdecken. Wer will, erhält von der Feuerwehr vor Ort auch Schutzanzüge, die kann man nach getaner Arbeit wegschmeißen.«

»Stiefel und Handschuhe haben wir da«, bestätigt Jans Mutter. »Ich rufe nur noch meinen Mann, dann kann's losgehen!«

Die drei schwingen sich auf ihre Fahrräder und fahren los in Richtung Strand. Pippo darf mitkommen, schließlich begleitet er die Familie immer bei ihren Strandspaziergängen. Zum Glück hat der Sturm nachgelassen. »Trotzdem noch ganz schön anstrengend, gegen den Wind anzustrampeln«, schnauft Jan. Am Strand ist so viel los wie sonst nur im Sommer. Viele junge Leute in Gummistiefeln und mit Handschuhen haben sich versammelt und warten auf Anweisungen. Die meisten tragen weiße Kittel. Einige haben sogar ihre Anglergummihosen aus dem Schrank gekramt, um sich vor dem schmierigen schwarzen Öl zu schützen. Weiter hinten entdeckt Jan Polizisten und Feuerwehrleute. Sie verteilen Schaufeln, Eimer und Schutzanzüge an die Freiwilligen. Auch die Leute von der Presse sind da: Ein Kamerateam führt Interviews mit ein paar Helfern. Mehrere Reporter laufen über die Dünen und schießen Fotos für ihre Zeitung.

Jan blickt aufs Meer. ›Irgendwie sieht es anders aus als sonst‹, überlegt er. Das Wasser schwappt wie Sirup an den Strand. Als die Sonne hinter den Wolken hervortritt, glänzt die Wasseroberfläche schwarz und ölig. Jan muss tief schlucken. Dann schaut er genauer hin: Der Strand ist übersät mit schmierig-schwarzen Ölklumpen.

»Igitt«, ruft Jan, »in dem Wasser möchte ich aber nicht schwimmen.«

»Das solltest du auch nicht. Das ist nämlich giftig für die Tiere und Menschen«, sagt Laura leise, die sich in der Zwischenzeit zu Jan und seinen Eltern dazugesellt hat.

»Meinst du, wir können in diesem Sommer überhaupt noch hier baden?«, fragt Jan sie mit bangem Blick. Wenn es warm genug ist, geht er in den Sommerferien mit seinen Freunden immer an den Strand. Dann spielen sie Fußball und stürzen sich ins Wasser. Oft wird das Schwimmen aber zur Mutprobe, findet Jan, denn das Wasser ist auch im Hochsommer meistens ganz schön kalt.

»Wenn wir alle zusammen anpacken, wird der Strand in einiger Zeit wieder so aussehen wie vor dem Unglück«, erklärt Laura und fügt hinzu: »hoffentlich.«

»Wo ist denn eigentlich der Übeltäter?«, fragt Herr Hansen.

»Der Frachter liegt dort draußen auf der Sandbank. Ohne Hilfe kommt der da nicht wieder weg. Aber immerhin ist das Loch schon abgedichtet und es kann kein weiteres Öl ausfließen«, erklärt Laura.

Jetzt sieht Jan es auch: Unschuldig liegt das Schiff leicht schräg auf der Sandbank, einige Hundert Meter vor der Küste. Davor dreht ein Schiff der Feuerwehr seine Runden. Bei genauerem Hinsehen erkennt Jan, dass es etwas im Schlepptau hat. »Weißt du, was das rote Schiff dort hinter sich herzieht?«, fragt er Laura. »Das ist ein besonderes Ölauffanggerät. Da Öl leichter als Wasser ist, schwimmt es auf der Wasseroberfläche.

Mit dem Gerät kann man den Ölteppich zum Glück relativ leicht abschöpfen«, erklärt sie ihm.

Jans Vater wird langsam ungeduldig: »Wollen wir uns
nicht endlich nützlich machen? Ich hole jetzt schon
mal Schaufel und Eimer, damit können wir die größeren
Ölklumpen vom Sand und von den Steinen aufsam-
meln.« Jan und sein Papa reihen sich in die Schlange der
wartenden Helfer ein. Nach kurzer Zeit drückt ihnen einer der Feuerwehrmänner einen großen Eimer und eine
Schaufel in die Hand. »Halt, warten Sie«, meint er
freundlich, als die beiden wieder abziehen wollen. »Zie-

hen Sie diese Kittel über, damit Sie sich nicht Ihre Kleider ruinieren. Das Zeug klebt wie schwarzer Kaugummi, ich kenne das aus eigener Erfahrung.«

Wie Erdöl das Meer verschmutzt

Wenn ein Öltanker ein Leck hat und sich das Erdöl ins Meer ergießt, werden dadurch meistens riesige Gebiete verschmutzt. Meer und Küste sind dann in der Regel auf lange Zeit vergiftet. Solche Unfälle bringen Pflanzen, Vögel, Robben, Fische und alle anderen Meeresbewohner in Lebensgefahr!
Aber auch der tägliche Umgang mit dem Erdöl stellt eine Gefahr für das Leben im Meer dar. Es kommt oft vor, dass die Tanker-Kapitäne ihre Öltanks unerlaubt auf hoher See mit Meerwasser waschen und damit ekelhaften Ölschlamm ins Meer spülen. Auch die Bohrplattformen, die das Erdöl tief aus dem Meeresboden fördern, zerstören oft die Unterwasserwelt.

Dann macht sich Familie Hansen an die Arbeit. Jans Eltern wechseln sich ab. Mal trägt sein Vater den schweren Eimer und seine Mutter schippt die schmierigen Ölklumpen hinein. Dann tauschen sie wieder. Als der Eimer randvoll mit ölverschmiertem Sand ist, tragen die beiden die schwere Fracht gemeinsam zu dem Container, den die Feuerwehr aufgestellt hat. Später muss die schmierige Masse auf einer Sondermülldeponie entsorgt werden.

Jan läuft währenddessen im Zickzack über den Strand und sucht nach weiteren verölten Stellen. Das ist nicht schwierig, denn der ganze Strand ist übersät mit kleineren und größeren Ölhaufen. Aber Jan findet nicht nur Ölklumpen. Im Wasser und am Strand liegen auch unzählige Plastiktüten, Plastikflaschen und anderer Müll herum. Auch dieser Abfall wandert in den Eimer. »Wenn man schon mal dabei ist«, sagt Herr Hansen, »dann sammeln wir den normalen Müll auch gleich mit ein.«

Das Meer ist doch kein Müllschlucker!
Das Meer muss ganz schön viel schlucken. Nicht wenige Strandbesucher lassen nach dem Picknick achtlos ihren Abfall dort liegen. Es gibt auch viele Küstenbewohner, die ihre Abwässer ungefiltert ins Meer leiten, ebenso wie die giftigen Abwässer zahlreicher Fabriken.
Selbst Gift, das im Inland in die Flüsse läuft, landet irgendwann im Meer. Manche Menschen glauben auch immer noch, dass das Meer eine große Müllkippe ist und dass man den Müll unter Wasser gut verstecken kann. Schlimm ist es, wenn Fische oder Meeressäuger wie die Delfine diesen Müll fressen oder sich darin verfangen und qualvoll sterben müssen.

Plötzlich hört Jan lautes Bellen. »Das ist Pippo«, sagt er zu seinen Eltern, »ich schaue mal, was mit ihm los ist.« Aus der Ferne sieht er Pippo hechelnd vor einem dunklen Haufen stehen. ›Pfui Teufel, ein Riesenölklumpen‹, denkt Jan zuerst. Dann erkennt er, was Pippo gefunden hat. Es ist ein völlig ölverschmierter Seevogel, der sich nicht mehr rühren kann. Um seinen Schnabel hat sich ein Plastikfaden verwickelt, sodass der Vogel ihn nicht mehr aufsperren kann. ›Jämmerlich sieht er aus, der Arme‹, findet Jan. Ihn packt eine tiefe Wut auf den kaputten Frachter und das eklige Erdöl. »Mama! Papa! Kommt schnell her!«

Herr und Frau Hansen kommen zusammen mit Laura herbeigelaufen. »Ach je«, seufzt Laura, als sie Jans Fund sieht, »das ist jetzt schon der zehnte Seevogel. Hoffentlich werden es nicht noch viel mehr.«

Jan und seine Eltern schauen sie fragend an. »Die Vögel sind auf der Wasseroberfläche gelandet, weil die so ruhig aussah. Daran ist das ausgelaufene Öl schuld, was das Wasser in zähflüssigen Sirup verwandelt! Jetzt haben die Vögel das ganze Gefieder voller Öl. Und die Fische im Wasser sind von dem Öl vergiftet worden.«

»Das ist ja schrecklich!«, ruft Jans Mama betrübt.

»Ja, die Fische können wir nicht mehr retten. Leider werden auch viele Seevögel nicht überleben. Die noch lebenden Vögel bringen wir in die Seevogelrettungsstation.«

»Was passiert denn mit den Vögeln in der Rettungsstation?«, fragt Jan neugierig.

»Dort päppelt man die armen Tierchen erst einmal wieder auf und lässt sie ein bis zwei Tage in Ruhe. Ihr müsst euch vorstellen, dass sie verzweifelt versucht haben, sich von dem Öl zu befreien. Dabei haben sie auch viel von der klebrigen Masse verschluckt. Viele Vögel überleben diesen Stress nicht. Dahinten kommt übrigens Herr Schmidt, der Leiter der Station.« Laura zeigt auf einen Mann, der mit einem Korb auf sie zukommt.

»Hallo, Torsten«, begrüßt ihn Laura, »hier haben wir noch einen Kandidaten, und das ist der Finder«, sagt sie und zeigt auf Jan.

Herr Schmidt begrüßt die Hansens und schüttelt Jan die Hand. Dann setzt er den verschreckten Seevogel vorsichtig in den Korb. »Wollen wir mal hoffen, dass der das überlebt. Seine Chancen stehen nicht ganz schlecht«, erklärt er Jan. »Dieser fiese Plastikfaden hat ihn daran gehindert, sich sein Gefieder zu putzen und dadurch viel Öl zu verschlucken.«

Jan lächelt ihn zaghaft an. »Und was passiert danach mit ihm?«

»Dank des Einsatzes vieler freiwilliger Helfer wie Laura waschen wir die Vögel mit einer Spülmittellösung. Die empfindlichen Federn kann man nicht rubbeln, deswegen verwenden wir kleine Kinderzahnbürsten für die Reinigung und Ohrenstäbchen. Danach wird der Vogel mehrfach mit Wasser abgebraust und trockengeföhnt. Anschließend kann er sich in einem warmen Trocknungskasten von den Strapazen erholen. Nach zwei bis drei Wochen können wir sicher sein, dass sein Gefieder wieder wasserfest ist. Wenn er fit wirkt, lassen wir ihn dann wieder frei.«

»Leider vertragen viele Vögel den Aufenthalt bei den Menschen schlecht und finden sich in Freiheit nicht mehr zurecht. Sie müssen wohl trotz unserer Hilfe sterben«, erklärt Laura traurig.

»Das stimmt«, bestätigt Herr Schmidt. »Bisher wissen wir noch nicht genügend darüber, wie lange die Tiere dann in der Wildnis überleben. Aber zumindest die Chance sollte man jedem Vogel geben, finde ich.«

›Recht hat er‹, denkt Jan und sieht Herrn Schmidt nach, der den Vogel zum Transporter der Rettungsstation trägt.

»So eine Ölpest hatten wir ja zum Glück noch nie hier in der Gegend«, wirft Herr Hansen ein.

»Ja«, bestätigt Laura. »Normalerweise engagieren wir uns eher gegen die Überfischung der Meere. Oder einfach gegen die alltägliche Verschmutzung der Umwelt.«

»Da gibt es ja leider auch schon genug zu tun«, meint Frau Hansen.

Der Mensch – der größte Räuber des Meeres

Es ist in der Natur ganz normal, dass Tiere leben, weil sie die nächstkleineren Tiere auffressen. Und dass sie dann selbst wieder von dem nächstgrößeren Tier verschlungen werden. Das ist der Kreislauf des Lebens.

Das schlimmste Raubtier des Meeres ist aber eigentlich der Mensch. Im Gegensatz zu früher, als die Fischer mit ihren kleinen Netzen nur eine begrenzte Menge an Fischen fangen konnten, wird heute mit riesigen Netzen alles aus dem Wasser gefischt, was sich nicht schnell genug in Sicherheit bringen kann. Oft verwenden die riesigen Fischkutter Schleppnetze, mit denen sie auch die Fische am Boden mitreißen. So werden ganze Meeresgebiete leergefischt. Einige Fischarten sind deswegen sogar schon vom Aussterben bedroht!

Es beginnt zu dämmern. Jan blickt über den Strand: Die erste Hälfte sieht schon wieder fast so aus wie vor dem Tankerunglück. Die Frau vom Dorfbäcker hat mit ihrem Auto mehrere Körbe voll belegter Brötchen für die vielen freiwilligen Helfer herangeschafft. Und der Supermarktbesitzer hat dazu Bier und Limonade für alle spendiert. Schnell streifen sich die fleißigen Helfer ihre glitschigen Handschuhe ab, werfen diese in den Müllcontainer und greifen hungrig zu. Nach so anstrengender Arbeit freuen sich alle, dass es zu essen und zu trinken gibt. Aber noch mehr freuen sie sich, dass sie es gemeinsam geschafft haben, die große Katastrophe abzuwenden und ihren Strand zu retten.

WAS WIR TUN KÖNNEN, UM DAS MEER ZU SCHÜTZEN

Auch wenn du nicht am Meer wohnst, kannst du dich zusammen mit deiner Familie für den Schutz der Weltmeere einsetzen:

* Bestimmte Fischarten sind wegen Überfischung vom Aussterben bedroht. Die sollte man lieber nicht mehr essen. Informiere dich mit deiner Familie, welche Fischarten nicht gefährdet sind. Du hilfst der Meereswelt auch, wenn du weniger Schweinefleisch und Hühnereier isst. Das verwundert dich? Viele Meeresfische landen gar nicht auf unseren Tellern, sondern werden als Fischmehl an Schweine und Hühner verfüttert. Weniger Fleisch zu essen, hilft also auch den Fischen!

* Alle Flüsse fließen ins Meer. Deshalb landet alles, was die Menschen in die Flüsse leiten oder werfen, auch irgendwann im Meer. Wenn du also die Gewässer in deiner Umgebung sauber hältst, tust du auch etwas für das Meer – selbst wenn es weit weg ist.

* Wenn du mit deiner Familie Urlaub am Strand machst, dann achte darauf, dass ihr dort keinen Abfall liegen lasst. Plastiktüten, Plastikflaschen und andere Verpackungen gefährden die Tiere im Wasser und an Land.

106

Der Wald –
die grüne Lunge
der Erde

 **HANNAH UND LEON REISEN NACH BRASILIEN**

Hannah und ihr kleiner Bruder Leon sitzen im Flugzeug. Das gleichmäßige Summen der Flugzeugturbinen hat die meisten Passagiere in einen unruhigen Schlaf versetzt. Hannah dreht sich zu ihren Eltern um. Herr und Frau Reinke sitzen in der Reihe hinter ihnen und haben die Augen geschlossen.

Hannah seufzt leise. »Mit Mama und Papa ist ja gar nichts anzufangen«, murmelt sie enttäuscht. Hoffnungsvoll blickt sie zu ihrem Bruder rüber. Leon hat jetzt schon seit drei Stunden den Fensterplatz und schaut ununterbrochen nach draußen. »Bald darf ich aber wieder am Fenster sitzen«, meckert Hannah ungeduldig.

»Ja, ja«, brummelt ihr Bruder gedankenverloren. Er beachtet seine Schwester kaum. Tief unter ihnen kann er das Blau des Meeres sehen – so weit er gucken kann, nur Wasser!

Familie Reinke ist auf dem Weg zur 75. Geburtstagsfeier von Tante Maria. Tante Maria wohnt aber nicht in der nächsten Stadt, wo man sie mal schnell mit dem Auto oder Zug besuchen könnte ..., sondern in Brasilien! Auf der Südhalbkugel! Das ist unheimlich weit weg von zu Hause. Fast einen ganzen Tag lang dauert die Reise.

›So langsam könnte der Flug aber mal vorbei sein‹,

denkt Hannah. Sie freut sich darauf, Tante Maria und die brasilianische Verwandtschaft endlich kennenzulernen.

Eigentlich ist Tante Maria Hannahs und Leons Großtante und die Tante von Hannahs Papa. Sie ist schon vor vierzig Jahren nach Brasilien ausgewandert, wo sie ei-

nen Arzt geheiratet hat. Marias Mann ist inzwischen leider verstorben. Aber sie ist nicht allein, denn ihr Sohn Carlos lebt mit seiner Familie in derselben Stadt: in Belèm, im Norden des Landes. Weil Brasilien so weit weg ist, haben Hannah und Leon mit ihren Verwandten bisher nur telefoniert, wenn die Eltern zum Geburtstag und zu Weihnachten bei Tante Maria anrufen.

Hannah fragt Leon: »Bist du auch schon so gespannt auf unsere Verwandten?«

Leon wendet sich vom Fenster ab: »Ja, und wie! Wie viele sind es eigentlich?«

Hannah fängt an aufzuzählen: »Also, da ist Tante Marias Sohn, unser Onkel Carlos. Und der hat zwei Söhne mit seiner Frau Joanna. Antonio und Pedro heißen die. Antonio ist 19 und geht schon zur Universität, Pedro ist 15.«

Leon überlegt: »Das sind dann ja unsere Cousins, oder? Komisch, dass wir die noch nie gesehen haben!«

Hannah lässt sich wieder in ihren Sitz fallen. »Ich bin so aufgeregt!«, seufzt sie, »wann kommen wir denn nur endlich an?« Plötzlich muss sie an Frau Weitzel denken, ihre Klassenlehrerin. Sie dreht sich zu ihren Eltern um: »Wisst ihr was, Frau Weitzel hat gesagt, dass es sehr schädlich für das Klima ist, wenn alle mit dem Flugzeug in den Urlaub fliegen! Wegen der Abgase. Das verstärkt den Klimawandel, sagt sie.«

»Klima« – was ist denn das?

Wenn man vom Klima spricht, meint man das Wetter, das für eine bestimmte Gegend typisch ist. Bei uns in Mitteleuropa herrscht zum Beispiel gemäßigtes Klima. Hier lässt es sich gut leben: Im Winter wird es nicht zu kalt und im Sommer nicht allzu heiß.

Auf der Erde ist das Klima sehr unterschiedlich: Am Nordpol und am Südpol ist es immer eisig kalt. Nur wenige Pflanzen und Tiere können dort überleben. In den Tropen rund um den Äquator ist es dagegen das ganze Jahr über heiß und es regnet viel. Das liegt an der Sonne – an den Polen scheint sie nicht so stark wie in den Tropen. So kann man die Erde in viele Klimazonen unterteilen, je nachdem, ob es viel regnet oder wenig und ob es kalt, warm oder gar heiß ist.

Ihr Papa gähnt und reibt sich den Schlaf aus den Augen: »Da hat Frau Weitzel völlig recht. Aber Tante Maria ist nicht mehr die Jüngste. Und zumindest ein Mal wollte ich sie schon gern in Brasilien besuchen. Öfter könnten wir uns diese Reise sowieso nicht leisten. Der Flug ist zwar schädlich für die Umwelt, aber dafür habe ich im Reisebüro auch gleich noch etwas dazugekauft, was der Umwelt nützt, nämlich sogenannte Emissionszertifikate!«

»Emiss ... wie bitte? Was ist denn das für ein komisches Wort?«, fragt Hannah erstaunt.

Ihr Vater lacht. »Emissionen ist ein anderes Wort für Abgase. Zertifikate sind eine Art Bescheinigung. Ich habe also Abgasbescheinigungen gekauft. Mit dem Geld, das ich für die Bescheinigungen gezahlt habe, werden klimafreundliche Projekte in aller Welt unterstützt. Durch diese Projekte werden die Abgase, die das Flugzeug auf seinem Flug über den Ozean in die Luft bläst, wieder ausgeglichen«, erklärt Hannahs Vater.

Hannah ist skeptisch: »Wie soll denn das funktionieren?«

»Das hab ich mir im Reisebüro erklären lassen: Mit dem Geld werden zum Beispiel in Afrika Pumpen gebaut, die mit Solarenergie angetrieben werden. Damit können die Menschen dort sauberes Wasser aus ihren

Brunnen fördern. Dank der Solarpumpen brauchen sie dafür keine stinkende Dieselpumpe mehr.«

»Also sparen andere Leute für uns die Abgase ein«, bohrt Hannah weiter nach.

»Ja, so könnte man es sagen«, nickt ihr Vater.

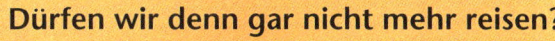

Dürfen wir denn gar nicht mehr reisen?
Flugzeuge pusten Abgase in die Luft, genau wie Autos. Und auch die Bahn verbraucht Strom, der in einem Kraftwerk erzeugt werden muss. Also ist Reisen nicht besonders umweltfreundlich – außer, man geht zu Fuß! Weil das Fliegen so günstig geworden ist, reisen manche am Wochenende mal schnell zum Shoppen nach Paris oder London. Solche Reisen sind eigentlich überflüssig.
Wenn du mit deiner Familie aber in den Urlaub fliegst oder fährst, ist das kein Grund, ein schlechtes Gewissen zu haben. Schließlich möchtest du im Urlaub auch fremde Kulturen kennenlernen. Und vielleicht kann deine Familie zum Ausgleich etwas für die Umwelt tun, zum Beispiel Emissionszertifikate kaufen oder einen Baum pflanzen.

Einige Stunden später sind die vier endlich angekommen. Müde und verschwitzt, aber glücklich.

Tante Maria und ein junger Mann erwarten die Familie schon draußen vor der Tür.

»Mensch, habt ihr viel Gepäck! Wollt ihr etwa bei uns einziehen?«, scherzt Tante Maria.

»Nein, keine Angst. Wir bleiben nur zwei Wochen. Aber bei uns ist doch Winter, da konnte man kaum glauben, dass hier Sommer sein soll ... Deshalb haben wir

den halben Kleiderschrank eingepackt«, witzelt Herr
Reinke und umarmt seine Tante.

»Hallo, Kinder. Lasst euch mal anschauen. Ihr seid
aber schon groß«, ruft Tante Maria und streicht Hannah
und Leon über den Kopf.

»Herzlich willkommen in Brasilien! Oder wie wir auf
Portugiesisch sagen: Bem vindo!«

»Vielen Dank. Wir können leider kein Portugiesisch,
aber wir hoffen, du spielst für uns die Dolmetscherin«,
erwidert Hannahs Vater.

»Das mach ich doch gerne. Und das ist Antonio, mein Enkel. Bei ihm ist es gar nicht nötig, zu übersetzen. Er lernt Deutsch an der Universität.«

»Hallo, bom dia«, begrüßt Antonio sie freundlich und reicht allen nacheinander die Hand. »Ich spreche noch nicht besonders gut Deutsch.« Er hat schwarze, zurückgekämmte Haare und ist braun gebrannt.

»Das klingt doch prima! Ich glaube, bei dir haben wir Tante Maria als Dolmetscherin wirklich nicht nötig!«, stellt Herr Reinke lachend fest.

Hannah betrachtet Tante Maria neugierig. Sie hat ein freundliches, sonnengegerbtes Gesicht und weiße Haare, die sie zu einem Zopf zurückgebunden hat. Dazu trägt sie ein buntes Kleid.

›Ganz schön flott, unsere Tante‹, denkt Hannah.

Antonio hat zum Glück ein großes Auto. Nachdem die Koffer verstaut sind, steuert er den Wagen sicher durch den dichten Verkehr. Schließlich erreichen sie den Stadtrand. Tante Marias Haus liegt in einem ruhigen grünen Vorort von Belèm.

»Hereinspaziert!«, ruft Tante Maria fröhlich. »Jetzt essen wir erst mal ein dickes Stück Kuchen.«

Zum Kuchen gibt es Kaffee und Kakao, der sehr süß schmeckt. Draußen ist es drückend warm.

›So heiß wird es bei uns zu Hause nur im Hochsommer‹, denkt Hannah.

Am Himmel ballen sich schon dicke Wolken zusammen.

»Wird es Regen geben?«, fragt Frau Reinke besorgt.

»Ja, bestimmt«, lächelt Tante Maria. »Hier regnet es fast jeden Tag. Deswegen gedeiht ja auch alles so gut. Vor allem der Regenwald!« Leon wundert sich: »Heißt der Regenwald deswegen auch Regenwald?«

»Gut erkannt! Der Regenwald braucht ständig Regen, um wachsen zu können! Deswegen wächst dieser Urwald ja auch nur hier bei uns in den Tropen«, erläutert Tante Maria.

»Manche nennen ihn auch die ›grüne Lunge der Erde‹«, erklärt Antonio mit ernsthaftem Gesicht.

»Die Lunge der Erde«, lächelt Hannah, »aber die Erde atmet doch nicht!«

»Nein, klar, aber die vielen Millionen Bäume im Regenwald produzieren den Sauerstoff, den wir Menschen zum Atmen brauchen. Deswegen ist der Regenwald für die Erde lebenswichtig.«

»So, bevor sich Antonio in Fahrt redet«, schmunzelt Tante Maria, »sollten sich alle erst einmal ausruhen. Morgen Abend erwarten wir viele Gäste.« Sie gähnt verstohlen. »Ich muss mich jetzt etwas hinlegen. Zu einem gelungenen Tag gehört eine ordentliche Siesta, da bin ich inzwischen eine echte Brasilianerin geworden!« Dann zieht sie sich in ihr Zimmer zum Mittagsschlaf zurück.

Hannah und Leon sind von der Reise so müde, dass

sie sofort einschlafen. Sie hören nicht einmal mehr, wie wenige Minuten später ein kräftiger Regenschauer einsetzt.

Die grüne Lunge der Erde

Die Erde atmet natürlich nicht. Aber wir sagen trotzdem, dass die Erde eine »grüne Lunge« hat. Damit meinen wir den tropischen Regenwald. Das sind riesige Waldgebiete, die rund um die Erde in den Tropen wachsen. Weil es in den Tropen das ganze Jahr über sehr warm ist und oft regnet, wachsen die Bäume hier besonders gut und werden sehr groß. In ihren Blättern erzeugen sie den Sauerstoff, den Menschen und Tiere zum Atmen benötigen. Der Regenwald leistet also einen wichtigen Beitrag dazu, dass wir auf der Erde überhaupt leben können.

Als Hannah wieder aufwacht, weiß sie zuerst nicht, wo sie ist. Vor der Tür hört sie fremde Stimmen und Gelächter. Dann folgt ein lautes Poltern. Hannah springt aus dem Bett und schaut neugierig in den Flur. Unter einem Haufen von bunten Girlanden liegt ein dunkelhaariger Junge begraben, der sie verdutzt anschaut: »Entschuldige, habe ich dich geweckt? Ich bin Pedro, dein kleiner Cousin!«

›Klein ist der ja nicht gerade‹, denkt sich Hannah. »Kein Problem«, lächelt sie ihn an, »ich wollte sowieso aufstehen, es ist doch bestimmt Zeit fürs Abendessen.«

»Abendessen?«, Pedro grinst, »ich würde eher sagen, Zeit zum Frühstücken! Du schläfst seit gestern Nachmittag, du Schlafhut, so sagt ihr doch in Deutschland, oder?«

Nun muss Hannah laut lachen und die beiden ziehen vergnügt zusammen in die große Wohnküche, wo Hannahs Eltern und Leon bereits am Frühstückstisch sitzen.

Gerade hat Hannah ihren Kakao ausgetrunken, da schaut Antonio zur Tür herein: »Hannah, Leon, wollt ihr mitkommen? Pedro und ich organisieren mit unseren Freunden eine Demonstration.« »Was ist denn das, eine Demodingsbums?«, fragt Leon verwundert.

»Wir protestieren gegen die Abholzung des Regenwalds«, erklärt Antonio. »Heute wollen wir zu einer Plantage fahren, wo Sojabohnen angebaut werden. Die liegt am Rande des Regenwalds. Der Plantagenbesitzer will ein weiteres Stück Wald abholzen lassen, um seine Felder zu vergrößern. Das wollen wir verhindern! Pedro ist mit unseren Freunden schon vorgefahren.«

»Ist das denn nicht gefährlich?«, mischt sich Frau Reinke besorgt ein.

»Wir demonstrieren ja nur, keine Sorge«, beruhigt sie Antonio. »Irgendjemand muss die Menschen doch darauf aufmerksam machen, dass unser Regenwald immer weiter abgeholzt und abgebrannt wird.« Er sieht plötzlich ganz traurig aus.

»Wieso denn das?«, fragt nun Hannah interessiert.

»Der Verkauf des Tropenholzes bringt Geld. Das Anpflanzen von Ölpalmen oder Sojabohnen auf den abgebrannten Flächen bringt Geld. Wenn's ums Geld geht, denken die meisten Leuten leider nicht mehr an den Umweltschutz«, erklärt Antonio wütend.

»Ja, das ist bei uns in Europa auch nicht anders«, bedauert Leons Mutter.

Antonio drängt: »Also, was ist, kommt ihr mit?«

»Mama, dürfen wir?«, bettelt Hannah, »hier sind wir euch doch sowieso nur im Weg.«

»Ok, aber Antonio, pass bitte gut auf meine Kinder auf!«

»Natürlich, ich werde sie hüten wie meinen Augapfel. Das sagt man doch so auf Deutsch, oder?« fragt Antonio lachend.

Eine halbe Stunde später sitzen Hannah und Leon bei Antonio im Wagen. Knatternd legen sie die Strecke bis zum Rand des Regenwalds zurück. Anfangs sind die Straßen asphaltiert. Aber bald besteht die Straße nur noch aus einer Lehmpiste. Gelegentlich kommt ihnen ein Holzlaster entgegen.

Hannah ruft erstaunt: »Die Baumstämme auf den Lastern sind ja riesig!«

Antonio nickt: »Ja, die tropischen Bäume wachsen hier dank des warmen Klimas sehr schnell in die Höhe. Darunter wachsen aber noch viele andere Pflanzen, die unterschiedlich groß werden. Der tropische Regenwald hat sozusagen Stockwerke. Wie ein Haus. Und in jedem Stockwerk leben andere Tiere und Pflanzen.«

Hannah späht ins dichte Gebüsch am Rande der Lehmpiste.

»Antonio, war das da etwa gerade ein Affe?«, ruft sie plötzlich aufgeregt.

»Das kann gut sein. Hier im Regenwald leben viele Affen und Millionen anderer Tiere.«

»Ihr habt es gut«, findet Hannah, »in unserem Wald kann man höchstens mal ein Reh entdecken.«

»Noch haben wir es gut«, kontert Antonio. »Wenn der Regenwald weiter vernichtet wird, gibt es auch für die Affen bald keinen Lebensraum mehr.«

120

Artenschutz und Artensterben

Auf der Erde leben vermutlich über 30 Millionen verschiedene Tier- und Pflanzenarten. Nicht einmal die Biologen kennen alle! Leider werden zahlreiche Arten in absehbarer Zeit aussterben. Das liegt unter anderem daran, dass die Menschen sich mit ihren Städten und Straßen immer weiter ausdehnen. Dadurch verlieren die Tiere und Pflanzen ihren Lebensraum.

Durch bestimmte Schutzmaßnahmen kann man aber zumindest einige Arten vor dem Aussterben retten. Der Fischotter in Europa war zum Beispiel fast ausgestorben, bis er unter Schutz gestellt wurde. Seitdem vermehrt er sich wieder. Einige Tigerarten in Asien sind dagegen für immer von der Erde verschwunden.

»Wofür braucht man diese Straße durch den Regenwald eigentlich?«, wundert sich Leon.

Antonio seufzt: »Die Straßen bringen dem Regenwald und den Ureinwohnern, die noch im Regenwald leben, nur Unglück.«

»Wieso denn das?«

»Sobald Straßen da sind, kommen sie alle: die Holzfäller, die Plantagenbesitzer und die Goldschürfer. Sie zerstören nicht nur den Wald, sondern sie übertragen den Ureinwohnern, den Indios, auch Krankheiten und verschmutzen deren Trinkwasser.«

Nach einiger Zeit lichtet sich der Regenwald. Antonio fährt langsamer. Auf der linken Seite sieht Hannah schmucklose graue Gebäude, die von einem hohen Zaun umgeben sind.

»Das ist die Soja-Plantage«, erklärt Antonio. »Aus den Sojabohnen wird Futter für Rinder hergestellt. Dafür wurde vor einigen Jahren ein großes Gebiet unseres Regenwaldes abgeholzt.«

Der tropische Regenwald verschwindet
Der Regenwald ist viele Hundert Jahre alt und bedeckt weite Gebiete unserer Erde. Aber die Gebiete werden täglich kleiner. Denn leider kann man mit dem Holz der Tropenbäume viel Geld verdienen. Deswegen hacken die Menschen in vielen Ländern den Regenwald einfach ab. Oder sie brennen ihn nieder. Auf den frei gewordenen Flächen werden große Plantagen errichtet oder Rinder gezüchtet. Jeden Tag verschwinden dadurch riesige Regenwälder für immer von unserer Erde. Das ist nicht nur schlecht für das Klima. Auch der Lebensraum von vielen Tieren und Pflanzen wird so zerstört.

Vor der Plantage steht eine Gruppe junger Männer und
Frauen. Sie halten Transparente hoch und singen Lieder.
Einige der Demonstranten reden wild gestikulierend auf
einen Kameramann und zwei Reporter ein.

»Da ist ja auch Pedro!«, ruft Hannah erfreut.

Mit Antonio und Leon gesellt sie sich zu den Umwelt-
schützern. Antonio begrüßt seine Freunde, die alle wild
durcheinanderreden. Hannah und Leon verstehen kein
Wort.

»Die sprechen ja alle portugiesisch«, flüstert Leon
Hannah zu.

Die beiden schauen sich neugierig um. Zwei Sicher-
heitsleute bewachen die Einfahrt zu der Plantage.

»Die sehen aber finster aus«, murmelt Hannah.

Dann fragt sie Antonio flüsternd: »Bringt das denn
überhaupt was, hierherzukommen?«

»Das ist so schwer zu sagen«, flüstert ihr Cousin zurück. Aber die Hauptsache ist, dass wir etwas tun. Denn
vom Nichtstun wird die Welt nicht besser.« Dann klopft
er ihr grinsend auf die Schulter: »Immerhin haben wir
zwei neue Mitstreiter aus Europa gewonnen!«

Wichtig fürs Klima:
der natürliche Treibhauseffekt

Warst du schon mal in einem Gewächshaus?
Gärtner machen sich in diesen Häusern aus Glas den
sogenannten Treibhauseffekt zunutze, damit ihre
Pflanzen besser wachsen: Die Glasscheiben lassen das
wärmende Licht der Sonne zwar hinein, aber die dabei entstehende Wärme nicht wieder heraus.

So ähnlich wirkt auch die Atmosphäre unserer Erde –
nur natürlich ohne Glasscheiben. Anstelle des Glases
gibt es bestimmte Gase – die sogenannten Treibhaus-
gase –, die das Sonnenlicht einfangen und es in
Wärme umwandeln. Ohne diesen natürlichen Treibhauseffekt wäre es auf der Erde viel zu kalt zum Leben.

Jetzt erst bemerkt Hannah ein paar Demonstranten, die bunt geschminkt sind und nackte Oberkörper haben.

Leon fragt erstaunt: »Du, Pedro, feiern die Karneval?«

Pedro lacht und schüttelt den Kopf: »Nein, Leon, das sind Indios, die hier in der Nähe im Regenwald leben. Sie sind immer so gekleidet und bemalt. Die Indios demonstrieren mit uns gegen die Abholzung des Regenwalds, schließlich ist das ihre Heimat.«

Leon bohrt weiter: »Wovon leben denn die Indios im Regenwald?«

»Zum Essen sammeln sie Früchte und jagen Tiere. Wenn die Plantage sich weiter ausbreitet, wird das aber immer schwieriger. Das ist ja einer der Gründe, warum wir gegen die Plantage sind.«

Hannah stutzt: »Gibt es denn noch einen anderen Grund?«

»Der zweite wichtige Grund ist der Klimawandel. Davon habt ihr bestimmt schon gehört.«

Hannah ist erstaunt: »Gibt es den Klimawandel denn auch hier bei euch in Brasilien?«

Pedro lächelt traurig: »Ja, natürlich. Der Klimawandel wirkt sich überall auf der Welt aus! Und durch die Abholzung des Regenwaldes wird sich das Klima auch bei euch in Europa verändern.«

»Dann müsste aber doch jeder auf der Welt etwas dagegen tun«, ruft Hannah besorgt.

»Ja, du hast recht. Und dafür muss man noch nicht

einmal hier vor dem Plantagentor stehen. Zu Hause kann man genauso gut etwas für den Klimaschutz tun.«

Schädlich fürs Klima:
der menschengemachte Treibhauseffekt
Zusätzlich zum natürlichen Treibhauseffekt gibt es auch einen menschengemachten: Vor allem bei der Verbrennung von Kohle, Erdgas und Erdöl und dem Abbrennen des Regenwaldes werden große Mengen an Treibhausgasen freigesetzt. Diese tragen zusätzlich zur Erwärmung der Luft bei und bringen damit das Erdklima durcheinander. Dieser menschengemachte Treibhauseffekt ist verantwortlich für den Klimawandel.

»Und zwar was?«, will Leon wissen.

»Du kannst zum Beispiel darauf achten, dass deine Eltern keine Möbel aus Tropenholz kaufen«, erklärt ihm Pedro.

»Und dass ihr nicht jeden Tag Fleisch esst«, schaltet sich Antonio ein. »Nicht wenig Rindfleisch in Europa kommt aus Südamerika. Zum Beispiel das leckere argentinische Rindersteak … Damit die vielen Rinder genügend Weideland haben, werden hier große Regenwälder gerodet.«

»Wenn wir wieder zu Hause sind, werden wir das alles unseren Freunden erzählen. Mal sehen, was wir sonst noch machen können«, verspricht Hannah entschlossen.

»Ihr könnt gleich anfangen«, ruft Pedro und läuft weg. Er kommt mit einem Transparent zurück, das er Hannah und Leon in die Hand drückt. Die Aufschrift ist portugiesisch, aber Antonio übersetzt sie für die beiden: »Da steht ›Finger weg vom Regenwald!‹«

»Genau, Finger weg!«, ruft Leon mit entschlossenem Gesichtsausdruck und streckt das Transparent in die Höhe.

Auf dem Rückweg fragt Hannah Antonio: »Haben wir denn nun etwas erreicht?«

Ihr Cousin zuckt mit den Schultern: »So direkt natürlich nicht. Aber wir haben dem Plantagenbesitzer mal wieder gezeigt, dass wir keine Ruhe geben werden. Und die Reporter berichten hoffentlich darüber in der Zeitung und im Fernsehen. Je mehr Leute Bescheid wissen, desto besser.«

»Aber jetzt lasst uns an etwas anderes Wichtiges denken«, unterbricht Pedro sie. Zu Hause ist sicher schon alles für Oma Marias großes Fest vorbereitet!«

Als die vier ankommen, fängt die Party gerade an. Eine Gruppe von Musikern in bunten Kostümen stimmt noch ihre Instrumente. Tante Maria hat sich fein gemacht und läuft aufgeregt zwischen Küche und Garten hin und her. Herr und Frau Reinke stehen zusammen mit Onkel Carlos und Tante Joanna am Eingang und warten auf die ersten Gäste.

Leon läuft aufgeregt zu seinen Eltern. »Mama, Papa, wir haben versucht, den Regenwald zu retten!«

»Und, habt ihr es geschafft?«, fragt Herr Reinke.

»Noch nicht, aber wenn ich das in der Schule erzähle, dann wissen es alle. Und dann machen wir eine Demonstration!«

Frau Reinke lacht und streicht Leon über den Kopf.

»Aus dir wird bestimmt mal ein tüchtiger Umweltschützer.«

»Was heißt hier werden«, entgegnet Leon empört, »bin ich doch schon!«

128

DER KLIMAWANDEL

Inzwischen sind sich die Forscher einig: Der vom Menschen verursachte zusätzliche Treibhauseffekt hat beunruhigende Auswirkungen auf das Erdklima. Wenn wir Pech haben, wird aus dem Klimawandel tatsächlich eines Tages eine Klimakatastrophe, wie es heute schon manchmal in der Zeitung steht. Vermutlich wird es durch den Klimawandel auf der Erde in den nächsten hundert Jahren um einige Grad wärmer werden. Dadurch wäre nicht nur der Rodelspaß im Winter in Gefahr, weil in unseren Breiten kein Schnee mehr fällt. Es gibt auch richtig ernste Befürchtungen. Hier sind einige, von denen du vielleicht schon gehört hast:

* Das Eis an Nordpol und Südpol wird abschmelzen. Eisbären, Pinguine und andere Tiere verlieren dadurch ihre Heimat.

* Der Meeresspiegel wird steigen, sodass die Menschen, die nahe am Meer wohnen, umziehen müssen.

* Die Unwetter und Stürme der Zukunft werden stärker. Sie können große Schäden anrichten und viele Menschen verletzen.

* Die Wüsten breiten sich aus, weil es an einigen Stellen der Erde nicht nur wärmer wird, sondern es auch weniger regnet. Viele Menschen werden dann verhungern, weil auf ihren Feldern nichts mehr wachsen kann.

* In anderen Gegenden wird es dafür umso mehr regnen. Dadurch kommt es zu Erdrutschen und Überschwemmungen.

* Viele Tiere und Pflanzen können sich nicht an die wärmeren Temperaturen anpassen und sterben aus.

* Andere Tiere siedeln sich dort an, wo sie bisher noch nicht leben konnten. Manche von ihnen, wie die Tse-Tse-Fliege, übertragen auch Krankheiten und führen diese in Gebieten ein, die bisher von den Krankheiten verschont blieben.

Umweltschutz ist immer ein Thema –
EIN WORT AN DIE ERWACHSENEN

Mit Sicherheit erinnern Sie sich noch an die Schlagworte Waldsterben und saurer Regen. Die gingen etwa zur gleichen Zeit durch die Medien, als auch das Ozonloch ein heißdiskutiertes Thema war. Inzwischen trennen die meisten von uns fleißig ihren Müll, benutzen Haarspray ohne FCKW-Treibgas und fahren Autos mit Katalysator und Rußfilter. Das Interesse der Öffentlichkeit für diese Themen ist im Laufe der Zeit stark zurückgegangen. Doch der Wald ist immer noch schwer krank, und auch das Ozonloch wird vermutlich erst in einigen Jahrzehnten verschwinden. Mittlerweile beherrschen andere Schlagzeilen die öffentliche Diskussion über den Umweltschutz: »Klimawandel«, »globale Erwärmung« und »anthropogener Treibhauseffekt«. Das Problem der Erderwärmung wird uns und unsere Kinder vermutlich längerfristig beschäftigen. Deswegen zieht es sich durch dieses Buch wie ein roter Faden. Doch auch die Themen, die nicht mehr im Fokus der Öffentlichkeit stehen, bleiben aktuell – Umweltschutz ist und bleibt eines der bestimmenden Themen des 21. Jahrhunderts.

Die globale Erwärmung kommt. Das ist so gut wie sicher. Wir können nur noch nicht genau absehen, ob die

Folgen katastrophal ausfallen werden oder ob uns die Wende noch rechtzeitig gelingt und wir den Schaden für die Erde und ihre Bewohner in Grenzen halten können. Tatsächlich leugnen immer noch viele, dass das menschliche Handeln einen gravierenden Einfluss auf das Klima der Erde hat. Diese Menschen wollen weitermachen wie bisher, bis genügend »handfeste Beweise« gefunden sind. Dann ist es aber vielleicht bereits zu spät. Unsere Kinder werden die Leidtragenden dieser Blindheit sein, denn sie müssen die Folgen länger ausbaden als wir und viele der Verursacher.

Natürlich ist das Klima nicht das einzige Problem, mit dem die Umwelt zu kämpfen hat. Wasserverschmutzung, Luftverschmutzung, Lärmbelastung sind in unserem Alltag allgegenwärtig. Die Abholzung des Regenwalds und das Aussterben Tausender Tier- und Pflanzenarten sind hingegen Themen, die uns – wenn überhaupt – eher im Fernsehen oder in der Zeitung begegnen. Auch wenn solche Umweltschäden für uns in Europa nicht direkt greifbar sind, sind die bedrohlichen Konsequenzen dieses Raubbaus an der Natur global. Ebenso werden deren Folgen für den Einzelnen nur selten wirklich deutlich. Düstere Prognosen wie »es wird 2 bis 6 Grad wärmer in Deutschland« veranlassen manchen Zeitgenossen eher dazu, Witze zu reißen und jetzt schon »besseres Wetter« zu fordern.

Viele der genannten Umweltbelastungen sind keine Einzelprobleme. Sie greifen ineinander und beeinflussen sich gegenseitig. Und sie wirken nicht nur dort, wo sie entstehen, sondern im schlimmsten Fall global. Unsere Umwelt zu schützen und die Natur unserer Erde zu erhalten, kann daher nur gelingen, wenn die Menschheit im Einvernehmen handelt. Der richtige Weg ist dabei sicher nicht, darauf zu warten, dass die anderen etwas tun. Selber im Kleinen anzufangen, etwas gegen die Umweltverschmutzung und für den Umweltschutz zu tun, ist die Devise. Das wirkt und ist oft sogar relativ einfach umzusetzen. Wir Erwachsenen können den Kindern hierbei durch unser eigenes Handeln ein Vorbild sein.

Ein weiser Spruch, der oft als Ökoaktivistenprosa belächelt wird, lautet: »Wir haben die Erde von unseren Kindern nur geliehen.« Ursprung ist ein altes indianisches Sprichwort, das Zeugnis ablegt von dem Leben im Einklang mit der Natur, das die indianischen Völker und viele andere Naturvölker geführt haben. In der heutigen Industriegesellschaft ist der Einklang mit der Natur kaum noch möglich. Wohlstand für alle bezieht häufig Natur und Umwelt nicht als Kategorien mit ein. Die Natur wird vielmehr für den Wohlstand ausgebeutet.

Die möglicherweise katastrophalen Folgen der Umweltzerstörung werden allerdings zuerst diejenigen am eigenen Leib erfahren, die noch nicht einmal vom

Wohlstand zu träumen wagen: die Menschen in den Entwicklungsländern. Dann streiten die Politiker vermutlich immer noch über Protokolle und Abkommen. Erst wenn die erste Millionenstadt in einem Industrieland betroffen sein wird, wird man möglicherweise handeln. Dann ist es aber mit Sicherheit zu spät. Wir sollten also alle sofort beginnen, etwas zu tun.

Köln, im Juni 2008
Christian Neuhaus

 ## WIE SIE DIESES BUCH NUTZEN KÖNNEN

* Ein Ziel dieses Buches ist es, Verständnis und Respekt für die Natur zu vermitteln. Der verantwortungsvolle Umgang mit der eigenen Umwelt wird sich mit diesem Verständnis von ganz allein einstellen.

* Die Erzählungen in diesem Buch spielen bewusst in einem möglichst realen und normalen Umfeld. Erlebnisse, die so weit wie möglich aus dem Alltag gegriffen sind, sollen die unterschiedlichen Elemente unserer Umwelt vorstellen und Interesse für die vielen Facetten der Natur wecken. Die Kapitel sind weitgehend unabhängig voneinander und können auch einzeln und in beliebiger Reihenfolge gelesen werden.

* In die Erzählungen sind Infoboxen eingebettet, die wichtige Einzelaspekte und grundlegende Themen, wie die Überfischung der Meere oder die Nutzung von Solarenergie, ausführlicher erläutern. Eine hinreichende Erklärung der komplexen Zusammenhänge können diese Texte natürlich nicht bieten. Nehmen Sie die Informationen als Anregung, um sich intensiver mit jenen Themen zu beschäftigen, die Sie und Ihre Kinder besonders bewegen. Sei es, indem Sie zusammen nach weiterführenden Büchern suchen oder einfach indem Sie sich mitten ins Naturgeschehen begeben: Gehen Sie mit Ihrem Kind raus und erleben Sie Ihre Umwelt. Nehmen Sie sie bewusst wahr!

WAS SIE SELBST TUN KÖNNEN, UM DIE UMWELT ZU SCHÜTZEN

* »Daran kann man als Einzelner doch sowieso nichts ändern!« Vielen Menschen fällt es schwer zu glauben, dass sie selbst durch ihren persönlichen Einsatz etwas zum Schutz unseres Planeten tun können. Und doch kann jeder von uns durch kleine Änderungen alltäglicher Gewohnheiten einiges bewirken. Passende Ratschläge finden Sie in jedem Kapitel dieses Buches. Bei der Umsetzung müssen Sie und Ihre Familie noch nicht einmal auf Komfort oder Luxus verzichten. Und so mancher dieser Tipps spart sogar noch Geld ein.

✳ Vieles, was der Umwelt schadet, darf oder kann man erst im Erwachsenenalter anrichten: rasant Auto fahren, mal kurz fürs Wochenende nach London fliegen oder die Terrasse mit Tropenholz auslegen zum Beispiel. Viele der aufgeführten Ratschläge können daher von den Kindern nicht selbst umgesetzt werden. Nutzen Sie Ihre Vorbildfunktion als Erwachsener und zeigen Sie durch ihr Handeln, dass jeder etwas zu tun vermag. Lassen Sie sich von den Vorschlägen anregen und überlegen Sie, was Sie persönlich ändern könnten.

✳ Einiges, was die Umwelt verschmutzt, lässt sich allerdings nur schwer vermeiden. Niemand verlangt, dass Sie Ihr Auto verkaufen und jeden Tag 20 Kilometer mit dem Fahrrad zur Arbeit radeln oder nicht mehr in den Urlaub fahren. Und nicht jeder hat ein eigenes Hausdach und die finanziellen Mittel, um seinen Strom per Solarkraftwerk zu erzeugen. Doch jeder kann im Rahmen seiner Möglichkeiten etwas für die Umwelt tun.
Die nachhaltige Nutzung unserer Natur und der verantwortungsvolle Umgang mit der Umwelt beginnen im Kleinen, in jedem Haushalt und in jedem Kinderzimmer. Wenn möglichst viele Menschen mitmachen, werden sich unsere Handlungen global auswirken und so unseren Kindern auch in Zukunft noch eine halbwegs intakte Umwelt sichern.

Register

Abgase 10, 13, 15, 23, 40ff.,
    47ff., 110, 112f.
Abwasser 100
Afrika 58, 61, 112
Äquator 111
Artenschutz 121
Artensterben 106, 121, 132
Atmen 39ff., 116f.
Atmosphäre 37, 39ff., 40, 47,
    124
Australien 81
Auto 10, 42, 47f., 87, 113,
    131

Bahn 48, 113
Ballon *siehe Heißluftballon*
Bauernregeln 55f.
Bewässerung, künstliche 58,
    60
biologische Landwirtschaft
    61f.
»Blauer Planet« 91
bleifreies Benzin 10, 42
Blitz 74ff., 87
Bohrplattform 98
Brasilien 109f., 114, 116
Bus 48

Donner 74f.
Dünger 60, 62
Dunst *siehe Smog*
Dürrekatastrophe 58

elektrischer Strom *siehe Strom*
Emissionszertifikat 111ff.
Energiesparlampe 48
Entwicklungsländer 134
Erdanziehungskraft 37
Erdatmosphäre *siehe*
    Atmosphäre
Erde 91, 111, 117, 124, 129
Erderwärmung 10, 126, 131f.
Erdgas 13, 16, 23, 42, 47,
    126
Erdöl 10, 42, 94ff., 98ff.,
    126
Europa 53, 111, 121

Fabrik 40ff., 47
Faraday 87
FCKW-Treibgas 10, 131
Fische 10, 92, 98, 100
Fischotter 121
Flugzeug 32, 44, 110ff.
Flüsse 100, 106

In dieser Reihe ebenfalls erschienen:

Wie ist das mit ... der Trauer
Wie ist das mit ... den Religionen
Wie ist das mit ... der Familie

Neuhaus, Christian/Reckers, Sandra
Wie ist das mit ... der Umwelt
ISBN 978 3 522 30156 5

Illustrationen: Sandra Reckers
Einbandtypografie: Michael Kimmerle, Stuttgart
Innentypografie: Bettina Wahl, Salem
Lektorat: Kristina Petersen
Schrift: ITC Stone Sans und Serif, Chinacat
Satz: KCS GmbH, Buchholz/Hamburg
Reproduktion: Medienfabrik GmbH, Stuttgart
Druck und Bindung: Friedrich Pustet, Regensburg
© 2008 by Gabriel Verlag (Thienemann Verlag GmbH), Stuttgart/Wien

5 4 3 2 1°   08 09 10 11

www.gabriel-verlag.de

Sachbezogen und einfühlsam erklärt: die Weltreligionen

Karlo Meyer & Barbara Janocha

Wie ist das mit ... den Religionen

144 Seiten mit farbigen Illustrationen von Sandra Reckers
ISBN 978 3 522 30117 6

Kontakt mit Menschen aus anderen Religionen haben Kinder jeden Tag. Aber wissen sie auch, was es mit den einzelnen Religionen und Traditionen auf sich hat?

Fünf Kinder aus Buddhismus, Christentum, Hinduismus, Islam und Judentum wollen genauer wissen, was ihre Religionen voneinander unterscheidet und wo die Gemeinsamkeiten liegen.

Unsere erzählende Sachbuchreihe

Roland Kachler

Wie ist das mit ... der Familie

144 Seiten mit farbigen Illustrationen von Sandra Reckers
ISBN 978 3 522 30143 5

Eine Familie hat jeder! Aber bestimmt hast du schon ge-
merkt, dass jede Familie ein bisschen anders ist. Die Kinder
in den Geschichten kommen aus verschiedenen Familien
und erleben ganz Unterschiedliches: Leonie und Marco
sind gespannt auf ihr neues Geschwisterchen, Lukas und
Laura wissen nicht, wie sie damit umgehen sollen, dass
Mama und Papa sich trennen, und Laura und Tim finden,
dass ihre Eltern eine große Überraschung verdient haben.